思想的・睿智的・獨見的

經典名著文庫

學術評議

策劃　楊榮川

五南圖書出版公司 印行

經典名著文庫

學術評議者簡介（依姓氏筆畫排序）

- 丘為君　美國俄亥俄州立大學歷史研究所博士
- 吳惠林　美國芝加哥大學經濟系訪問研究、臺灣大學經濟系博士
- 宋鎮照　美國佛羅里達大學社會學博士
- 林玉体　美國愛荷華大學哲學博士
- 邱燮友　國立臺灣師範大學國文研究所文學碩士
- 洪漢鼎　德國杜塞爾多夫大學榮譽博士
- 孫效智　德國慕尼黑哲學院哲學博士
- 秦夢群　美國麥迪遜威斯康辛大學博士
- 高明士　日本東京大學歷史學博士
- 高宣揚　巴黎第一大學哲學系博士
- 張光宇　美國加州大學柏克萊校區語言學博士
- 張炳陽　國立臺灣大學哲學研究所博士
- 陳秀蓉　國立臺灣大學理學院心理學研究所臨床心理學組博士
- 陳思賢　美國約翰霍普金斯大學政治學博士
- 陳清秀　美國喬治城大學訪問研究、臺灣大學法學博士
- 陳鼓應　國立臺灣大學哲學研究所
- 曾永義　國家文學博士、中央研究院院士
- 黃光國　美國夏威夷大學社會心理學博士
- 黃光雄　國家教育學博士
- 黃昆輝　美國北科羅拉多州立大學博士
- 黃政傑　美國麥迪遜威斯康辛大學博士
- 楊維哲　美國普林斯頓大學數學博士
- 葉海煙　私立輔仁大學哲學研究所博士
- 葉國良　國立臺灣大學中文所博士
- 廖達琪　美國密西根大學政治學博士
- 劉滄龍　德國柏林洪堡大學哲學博士
- 黎建球　私立輔仁大學哲學研究所博士
- 盧美貴　國立臺灣師範大學教育學博士
- 薛化元　國立臺灣大學歷史學系博士
- 謝宗林　美國聖路易華盛頓大學經濟研究所博士候選人
- 簡成熙　國立高雄師範大學教育研究所博士
- 顏厥安　德國慕尼黑大學法學博士

經典名著文庫078

哲學問題

The Problem of Philosophy

（英）伯特蘭・羅素（Bertrand Russell）著
何兆武 譯

經典永恆・名著常在

五十週年的獻禮・「經典名著文庫」出版緣起

總策劃 楊榮川

五南，五十年了。半個世紀，人生旅程的一大半，我們走過來了。不敢說有多大成就，至少沒有凋零。

五南忝爲學術出版的一員，在大專教材、學術專著、知識讀本出版已逾壹萬參仟種之後，面對著當今圖書界媚俗的追逐、淺碟化的內容以及碎片化的資訊圖景當中，我們思索著：邁向百年的未來歷程裡，我們能爲知識界、文化學術界做些什麼？在速食文化的生態下，有什麼值得讓人雋永品味的？

歷代經典・當今名著，經過時間的洗禮，千錘百鍊，流傳至今，光芒耀人；不僅使我們能領悟前人的智慧，同時也增深加廣我們思考的深度與視野。十九世紀唯意志論開創者叔本華，在其〈論閱讀和書籍〉文中指出：「對任何時代所謂的暢銷書要持謹慎的態度。」他覺得讀書應該精挑細選，把時間用來閱讀那些「古今中外的偉大人物的著作」，閱讀那些「站在人類之巔的著作及享受不朽聲譽的人們的作品」。閱讀就要「讀原著」，是他的體悟。他甚至認爲，閱讀經典原著，勝過於親炙教誨。他說：

> 「一個人的著作是這個人的思想菁華。所以，儘管一個人具有偉大的思想能力，但閱讀這個人的著作總會比與這個人的交往獲得更多的內容。就最重要的方面而言，閱讀這些著作的確可以取代，甚至遠遠超過與這個人的近身交往。」

爲什麼？原因正在於這些著作正是他思想的完整呈現，是他所有的思考、研究和學習的結果；而與這個人的交往卻是片斷的、支離的、隨機的。何況，想與之交談，如今時空，只能徒呼負負，空留神往而已。

三十歲就當芝加哥大學校長、四十六歲榮任名譽校長的赫欽斯（Robert M. Hutchins, 1899-1977），是力倡人文教育的大師。「教育要教眞理」，是其名言，強調「經典就是人文教育最佳的方式」。他認爲：

> 「西方學術思想傳遞下來的永恆學識，即那些不因時代變遷而有所減損其價值

的古代經典及現代名著，乃是眞正的文化菁華所在。」

這些經典在一定程度上代表西方文明發展的軌跡，故而他爲大學擬訂了從柏拉圖的《理想國》，以至愛因斯坦的《相對論》，構成著名的「大學百本經典名著課程」。成爲大學通識教育課程的典範。

歷代經典·當今名著，超越了時空，價值永恆。五南跟業界一樣，過去已偶有引進，但都未系統化的完整舖陳。我們決心投入巨資，有計畫的系統梳選，成立「經典名著文庫」，希望收入古今中外思想性的、充滿睿智與獨見的經典、名著，包括：

- 歷經千百年的時間洗禮，依然耀明的著作。遠溯二千三百年前，亞里斯多德的《尼各馬科倫理學》、柏拉圖的《理想國》，還有奧古斯丁的《懺悔錄》。
- 聲震寰宇、澤流遐裔的著作。西方哲學不用說，東方哲學中，我國的孔孟、老莊哲學，古印度毗耶娑（Vyāsa）的《薄伽梵歌》、日本鈴木大拙的《禪與心理分析》，都不缺漏。
- 成就一家之言，獨領風騷之名著。諸如伽森狄（Pierre Gassendi）與笛卡兒論戰的《對笛卡兒沉思錄的詰難》、達爾文（Darwin）的《物種起源》、米塞斯（Mises）的《人的行爲》，以至當今印度獲得諾貝爾經濟學獎阿馬蒂亞·

森（Amartya Sen）的《貧困與饑荒》，及法國當代的哲學家及漢學家余蓮（François Jullien）的《功效論》。

梳選的書目已超過七百種，初期計劃首爲三百種。先從思想性的經典開始，漸次及於專業性的論著。「江山代有才人出，各領風騷數百年」，這是一項理想性的、永續性的巨大出版工程。不在意讀者的眾寡，只考慮它的學術價值，力求完整展現先哲思想的軌跡。雖然不符合商業經營模式的考量，但只要能爲知識界開啓一片智慧之窗，營造一座百花綻放的世界文明公園，任君遨遊、取菁吸蜜、嘉惠學子，於願足矣！

最後，要感謝學界的支持與熱心參與。擔任「學術評議」的專家，義務的提供建言；各書「導讀」的撰寫者，不計代價地導引讀者進入堂奧；而著譯者日以繼夜，伏案疾書，更是辛苦，感謝你們。也期待熱心文化傳承的智者參與耕耘，共同經營這座「世界文明公園」。如能得到廣大讀者的共鳴與滋潤，那麼經典永恆，名著常在。就不是夢想了！

二〇一七年八月一日 於

五南圖書出版公司

導讀　羅素的學思生涯與哲學貢獻

國立臺北教育大學語文與創作學系退休教授　張炳陽

關於羅素這本於一九一二年在英國倫敦出版的《哲學問題》，在一九九八年又經英國聖安德魯斯大學哲學系教授約翰・斯科魯普斯基（John Skorupski）編定後，由牛津大學出版社再版。這個新版本的特色是：書中增加了斯科魯普斯基教授所寫的一篇導言，並增加了這本書一九六二年德譯本裡羅素所寫的序言以及進一步閱讀的書目和索引。因此這個版本算是更好的版本了，本版中文本就是根據初版再加上這些資料，因此這個中文譯本也算是最完全的版本了。

新版中斯科魯普斯基教授「導言」非常重要，他幾乎把羅素這本《哲學問題》中各章的重點做了論述，所論述部分除了標示章次外，連同也把頁數標記出來了。因此，這篇「導言」本身已經是一篇精要的「導讀」。爲了避免重複，我的這一篇「導讀」將就羅素學思生涯和哲學貢獻做「一般的」論述，以補充讀者對羅素其人及其基本哲學有更多的理解。

一、生平與時代背景

羅素（Betrand Russel, 1872-1970）是數學家、哲學家、教育家、活動家、女權主義者、反共學者、諾貝爾獎得主，在世時是一個精力旺盛、體力過人的知識分子，九十多歲時仍然動作敏捷，一生結過四次婚。羅素長壽又精力旺盛，可想而知，他的著作必是驚人之多，他發表過幾百篇的論文，一生總共創作的作品在三千篇以上，其中涉及各種議題。數學研究是羅素的學術基礎，也是終其一生的愛好所在。羅素主要的學術貢獻在數理邏輯、分析哲學等方面。

羅素童年之時父母早逝，主要由他的祖母養育和教育，由於祖母是個嚴謹的基督徒，這促使羅素從小就對基督教帶有矛盾的情愫：既信奉又反叛。或許是童年的成長經驗造成羅素與他人總是帶著疏離感，但卻是又非常渴望異性的愛。羅素對教育也很有興趣，他曾經和第二任妻子朵拉（Dora Black）在一九二九年創辦一所實驗學校，在校內施行自由甚至放任學習方式，更拒絕任何一種宗教的信條教導。

羅素在十八歲時讀了穆勒（J. S. Mill, 1806-1873）對第一因的駁斥之後，就成爲一個宗教的不可知論、反基督教者和反宗教者。二十幾歲時讀了斯賓諾莎（Baruch de Spinoza, 1632-1677）的著作後又被他的泛神論宗教觀所吸引，他有一篇論文〈神祕主義與邏輯〉，似乎可以看到一個數理哲學家的神祕主義觀點。可是斯賓諾莎的泛神論被控告爲無神論，黑格爾則認爲斯賓諾莎的這種泛神論是無世界論（Akosmismus），而非無神論，因爲神滲透到世界萬物之中，世界萬物爲神所充滿。實際上，在羅素身上始終充滿著神秘主義的熱情，這對一個具科學家性格的哲學家而言似乎有著衝突。羅素始終反對一神論（例如基督教）的哲學論證，而在哲學史上這也不是新鮮事，西方哲學史上對於基督教始終存在著「理性」與「情感」，「知識」與「信仰」的對立，以及融合兩者之間的對立和關係的討論。羅素終其一生是個反基督教者，他甚至認爲蘇格拉底比耶穌更有智慧，羅素有一本著作《爲什麼我不是基督徒》來論述他的看法。

羅素是個自由思想家，在那保守的年代，他已經大力爲廢除死刑、安樂死和女性參政權辯護。他甚至在第一次世界大戰末期在一家報紙發表社論，主張英國應該向德國妥協退出戰場，而被政府判刑六個月而服監。

二、思想發展與改造

羅素在一九一〇至一九一六年在劍橋大學擔任講師，一九一〇年與懷德海（A. N. Whitehead）共同出版了《數學原理》（*Principia Mathematica*），這本著作企圖將數學建立在邏輯的基礎之上，由一些邏輯的公理推出邏輯規則和數學定理。

一九一六年羅素因反戰而入獄，在入獄期間，羅素的生活很有規律，每天寫作四小時，讀哲學書四小時，讀一般著作四小時，他是一位很勤奮的學者，終身不渝。一九一六年以後，羅素出版了許多關懷社會的著作，如一九一六年的《戰時的正義》和《社會改造原理》，一九一七年的《政治理想》，一九一九年的《自由之路》等。一九三〇年之後羅素將興趣投入社會運動和教育問題，一九三八年羅素赴美講學，前後滯留有五年多，先後在芝加哥和紐約任教，也在哈佛大學以「對意義與眞理的探究」做專題演講，一九四〇年將此演講出版，這是羅素重要的知識論著作。一九四四年羅素返回英國，此時由於對納粹和法西斯有新的認識，羅素不再像以往一樣反戰，而是堅決主戰。羅素回到英國後在三一學院講學兩年，並且寫作《人類的知識：其範圍和界限》。一九五〇年羅素榮獲諾貝爾文學獎。在一九六七至一九六九年期間，羅素出版了他的《自傳》回顧其一生，並於一九七〇年去世。

一八九〇年羅素進劍橋大學時，在懷德海等人的指導下學習數學，後來受到新黑格爾學派哲學家影響，如麥克塔格（J. M. E. McTaggart）和布萊德雷（F. H. Bradley），一度成爲黑格爾主義者。羅素在一八九五至一八九七年期間主要研究數學基礎，他在一八九五年寫的論文《論幾何學的基礎》就是在麥克塔格的影響下完成的，此論文並在一八九七年修訂後出版成書，是羅素的第一本哲學著作，其中的邏輯來自布萊德雷和鮑桑揆（B. Bosanquet），而空間理論來自康德（I. Kant, 1724-

1804）。羅素在劍橋大學初期受到新黑格爾學派影響，雖一度成爲黑格爾主義者，但不久就受到朋友莫爾（G. E. Moore, 1873-1958）的影響放棄了黑格爾的觀念論哲學，回到實在論（realism）的立場，認爲普通世界的實在性不能放棄，並試圖以數學和邏輯解決哲學問題，他認爲哲學在本質上就是邏輯問題，邏輯甚至可以闡明形上學的問題。

在一八九八年羅素受莫爾的影響脫離黑格爾主義之後，他致力於數學與邏輯的基礎研究，但也與莫爾走了一條截然不同的哲學道路，因爲羅素始終是個數學家，他和莫爾的文學背景出生有很大的差異。羅素在一九〇〇年遇見義大利數學家皮亞諾（G. Peano），認同後者的符號邏輯體系，之後羅素致力於皮亞諾的著作研究，並接受他的符號體系作爲進行邏輯分析的工具。後來羅素把這一套邏輯分析技術應用到關係邏輯上，在一九〇〇年年底完成了《數學原理》初稿。

羅素早年就顯示出對數學和邏輯的興趣，這促使他以後從事將數學和邏輯引進哲學之中的學術工作。羅素在哲學界的貢獻主要是邏輯和數理哲學，因此與其說他是個純哲學家，毋寧說他是個邏輯學家或數理哲學家。羅素是哲學分析的奠基人之一，他的語言哲學是分析哲學的主要思想來源之一，特別是將這個哲學奠定在邏輯與認識論的基礎之上。所謂「分析」的任務就是將科學的方法應用到哲學上，他認爲哲學分析的任務就是要揭示那些虛假的「先驗」證明並將它拉回「經驗」的基礎上，而這個

「經驗」已非傳統經驗論的感覺經驗、感覺資料，而是奠基在數學與邏輯的眞理的經驗。

三、確定描述詞

羅素在哲學上最有名的貢獻是他提出「描述詞理論」（theory of description），描述詞理論當中最核心的部分是確定描述詞（definite description）的主張。這部分的理論是將確定描述詞的句子分成三個成分加以描述，例如描述「《哈姆雷特》的作者是莎士比亞。」這個句子，根據描述詞理論，這個句子應該包含三個確定的句子：

(1) 至少有一位《哈姆雷特》的作者，而且
(2) 至多有一位《哈姆雷特》的作者，而且
(3) 曾寫過《哈姆雷特》的作者是莎士比亞。

確定描述詞最重要的是將一個句子描述成含有量化詞（quantifier）的句子，如上句「至少」而且「至多」意思是「存在有一個，而且只有一個」作者。對羅素來說，所謂「確定描述詞」是要描述到句子的主詞才有意義，例如上面的例子，確定描述詞所描述到的僅僅是它的主詞。一個有意義的句子意味著主詞必須存在，如果主詞不存在，這個句子就無意義（senseless）。一個名稱總是命名某個東西的存在，但是邏輯的主詞卻不是這樣，例如「當今的法國國王沒有孩子。」中的主詞「當今的

法國國王」如果要作爲名稱來使用，那麼它就必須存在，事實上我們知道當今法國不存在國王，因此例句中的主詞「當今的法國國王」並不起名稱的作用，而應只作爲普通邏輯的主詞。羅素說：「每一個命題都有一個主詞（subject）和一個謂詞或述詞（predicate）。斯賓諾莎、黑格爾和布萊德雷先生都有同樣的學理，在我看來，如果這個學理被駁斥了，這幾位哲學家的形上學基礎就被摧毀了。」羅素的意思是，傳統形上學的命題是根據主詞－謂詞命題而成立的，但是它們的命題本身是基於語法的混淆，因爲它們的命題中的主詞是不存在的，因此這些命題是無意義的。

羅素在這裡將語言表達（或命題）區分出兩種表達形式，一種是「語法形式」，另一種是「邏輯形式」，一個命題並不必然非眞即假，也可能是既不眞也不假的所謂「無意義」。例如，我說「臺灣大學是位於臺北市公館。」這個作爲命題的語句是眞的，如果我說「臺灣大學是位於新北市的新店。」則是假的。但如果我說「你達達的馬蹄是我美麗的錯誤。」這個語句既不眞又不假，它是無意義的。所謂「無意義」，可以指不具有經驗上可以檢證的眞假值。又，如下的句子：「這個世界不存在有眞理。」如果此一語句是眞的，那它就是假的，如果它是假的，那麼它就是眞的，之所以會產生這種自我指涉（self-reference）的謬誤現象，是因爲沒有區分語言的兩種層次：對象語言和後設語言。這種謬誤可以稱爲「語意悖論」。另外一種悖論（paradox），例如說謊者悖論或理髮師悖論，羅素認爲這是混淆不同邏輯類型的表達所引起的悖論。這種悖論可以稱爲「集合論悖論」。不論是無意義的語句、沒有區分語言的層次和類型混淆所產生的悖論等，都是沒能區分語法形式和邏輯形式所造成的。羅素在此發展出他著名的類型論（theory of types）來解決悖論的問題，羅素的類型論對分析哲學的影響很大，從此分析哲學家就以命題或語句的說話形式進行哲學討論，而捨棄了傳統哲學的主謂（subject-predicate）的語句形式討論哲學問題。

四、邏輯原子論

羅素不只認爲哲學本質上就是邏輯，他更認爲所有數學原理都是由邏輯演繹推導出來的，他認爲所有數學命題都是分析的，其實這已經是德國數學家、邏輯學及哲學家弗雷格（F. L. G. Frege, 1848-1925）的觀點，這個觀點認爲康德所主張的數學命題是先天綜合命題是錯誤的，而羅素與懷德海合著的《數學原理》就是詳細闡述如何從邏輯開展出純數學的著作。

羅素和他的學生與後輩朋友維特根斯坦（L. Wittgenstein）是「邏輯原子論」的創立者，雖然兩位對這個理論的解釋有很大的區別，甚至維特根斯坦認爲羅素根本不了解他的著作《邏輯哲學論》（*Tractatus logico-philosophicus*）的思想。這種邏輯哲學理論在後來發展爲「邏輯實證論」或「邏輯經驗論」的哲學運動，尤其在維也納學聚集了一些科學家、哲學家從事這種理論的研究，稱爲「維也納學圈」（Vienna Circle）。

維特根斯坦是個天才型的哲學家，雖然這兩位哲學家彼此都不認同對方的哲學，但是沒有羅素的影響，維特根斯坦的哲學似乎也很難理解。例如羅素的「邏輯形式」這個概念就是維特根斯坦《邏輯哲學論》的基本概念，其結果就是後來所謂的「邏輯原子論」，羅素在一九一八年首次稱呼自己的哲學爲「邏輯原子論」，羅素所謂的「邏輯原子」是對事物分析，直到不能再分析所得到的東西稱爲「邏輯原子」。這裡所謂的邏輯原子不是指物質的小片，而是構成事物的基礎，例如思想。由此可見，羅素所謂的邏輯原子，不是指物理的或化學的原子。羅素的邏輯以原子命題爲基本的東西，由原子命題組成複合命題，稱爲分子命題。原子命題表述原子事實，兩者之間有對應關係，換言之，語言結構與實在的結構之間有共構的關係。

羅素認爲，哲學的主要任務是顯示命題的眞正邏輯形式，對它們加以分析並轉換成語法形式，他認爲許多哲學問題之所以產生，是基於它們具有壞的語法形式，如果能認識這一點，就能消除許多哲學問題，這種論點對後來的邏輯實證論似乎有很大的影響。哲學分析最終的目標就是要構作出一種理想的語言，儘管這最終也可能只是「理想」。

五、本書的精髓

《哲學問題》是羅素第一本有系統研究認識論的著作，在這部著作中羅素首先將「描述理論」引進對知識論的探討，他認爲，雖然我們事實上只能認識我們在經驗中由熟識的術語所構成的眞理，但是透過描述那些我們從來沒有經驗過的事物，我們仍然能夠認識它們。也就是說，我們可以透過歸納原則和先驗邏輯原則，從感覺資料和記憶中推斷出關於對象的可能的描述性知識，從而認識它，而這個對象可能是超越感覺經驗的，並且它是感覺經驗的原因。羅素在本書中揭示了他的眞理觀：眞理就是信念的結構與事實的結構相一致。

羅素雖然出生於數學、邏輯專精的學者，他在哲學界的貢獻主要似乎也是在數理邏輯方面，然而他並非一冷漠無情之人，更不是一個好高鶩遠的人，對哲學的熱中和對社會的關懷維繫著他一生的活動。在本書最後一章〈哲學的價值〉中，他說：「如果研究哲學對別人也有價值的話，那也必然只是透過對於學習哲學的人的生活所起的影響而間接地發生作用。……但是，更進一步說，倘使我們想要使評定哲學的價值的企圖不致失敗，那麼我們首先必須在思想上擺脫掉『現實』的人的偏見。『現實』的人，照這個詞的通常用法，是指只承認物質需要的人，只曉得人體需要食糧，卻忽略了爲心靈提供食糧的必要性。」羅素認爲，哲學的學習和價值並不在於對所提出的哲學問題之確定的解答，而是透過這些問題擴充我們對各種可能性的概念，進而來豐富我們心靈方面的想像力。由此可見，羅素認爲哲學最大、最後的目的是在使我們的心靈變得更偉大。這就是他對本書所作的結論。

六、對後世哲學的影響

羅素的哲學基本上還是在經驗論的範疇之中，羅素在知識論上也是個經驗論者，但他同時也是一個懷疑論者。然而與傳統的經驗論不同，例如英國經驗論者洛克、柏克和休姆，這些經驗論者基本上是感知經驗論者，羅素的經驗論是結合數學和邏輯，並且發展出一套強有力的邏輯技術來處理一些重要的哲學問題，包括知識論。羅素是英國經論的現代繼承者和復興者，他將經驗論的基礎建立在更穩固的數理邏輯的基礎上。

羅素把哲學的基本問題看成邏輯分析，而哲學問題都可以還原到邏輯原子，並從中檢視它們是否有意義。像一些形上學的問題，譬如心、物、上帝等都是沒有意義的，後來邏輯實證論將這些形上學的命題稱爲「僞命題」。維也納學圈的邏輯經驗論，例如石里克（M. Schlick）和卡納普（R. Carnap）也受羅素哲學很大的影響。其他受羅素影響的還有不同的哲學流派，例如否證原則的波普（K. Popper）、實用主義的莫里斯（C. Morris）、分析哲學家奎殷（W. v. O. Quine）和艾爾（A. J. Ayer）。

羅素在哲學史中的貢獻是提出「語言對思想的影響」論點，這個論點說明了哲學問題本身的關鍵所在，即哲學問題可以用語言分析的方法加以釐清或消除，這個論點對後來語言哲學的發展產生很大的作用。羅素是第一位強調「普通語言」在哲學的重要性的哲學家，也是第一位強調「邏輯形式」的哲學家，他認爲語言對哲學的影響是深遠的，我們可以改造普通語言，使它的語法形式和句法形式與它們的「邏輯形式」相一致，這種工作就是哲學的主要任務。因此哲學的目標就是構造一種理想的語言，羅素的這種思想對後來的語言哲學影響非常巨大。

新版序言

本書作者羅素是讀者所熟知的當代西方最負盛名的哲學家、數理邏輯學家、作家和社會活動家，曾獲得諾貝爾獎。二十世紀五〇年代以後熱心於世界和平運動。

本書原由倫敦 Williams & Norgate 於一九一二年出版。中譯本於一九五九年由商務印書館出版。一九九八年本書又由英國聖安德魯斯大學哲學系教授約翰·斯科魯普斯基（John Skorupski）編訂後，由英國牛津大學出版社出版。書中增加了斯科魯普斯基所寫的一篇導言，附錄有羅素本人於一九二四年爲德文譯本所寫的序言以及進一步閱讀的書目和索引。現根據牛津版將增補的部分譯出，原中譯文的個別字句亦略有改動，作爲中譯本的新版，以供讀者參考。

譯者　何兆武　謹識

目錄

導言

約翰・斯科魯普斯基

伯特蘭・羅素（Bertrand Russell）於一九一一年寫了這部著名的哲學導論，於一九一二年一月出版。此後，它曾經被各個大學內外好幾代的哲學學生所閱讀。本書屬於羅素最爲豐產的哲學時期作品之一。一九一〇年他已經完成了與A・N・懷德海（Whitehead）合作的巨著、也是現代數理邏輯的奠基石之一的《數學原理》（*Principia Mathematics*）所需要的冗長而又煩人的技術性工作。他說他的「心智始終沒有從這場緊張之下完全恢復過來」；然而在一般的哲學問題上，他顯然經歷了一番新的生氣勃勃的解脫。雖然本書的寫作是作爲一種通俗性的導論，——羅素稱它是他的「廉價本的驚險小說」，——但它卻提出了明確的觀點並引入了各種嶄新的觀念，例如論眞理。它寫得是如此之明晰，毫不武斷而又流暢，清澈得光彩照人。它肯定值得永遠不斷地流傳。

羅素並沒有探討所有的哲學問題。正如他在「前言」中所解說的，他把自己僅限於他認爲自己可以肯定而且能有所建設的那些問題。及時確定了自己的興趣之後，其結果便是這本主要是涉及知識論的書，即考察我們能說知道或有理由相信的那部分哲學分支。羅素在這一鑽研的基礎之上，還得出了某些令人矚目的有關所有事物的終極類別的結論。他並不探討倫理學以及有關心靈和行爲的範圍廣大的各種經典問題，諸如自我的本性或意志自由的問題。然而他的某些倫理觀卻表現在他所必須要談到的有關哲學的特性和價值之中，——這個論題在全書之中反覆出現過，而在書尾則自成一章。

感覺資料、物理學與本能的信仰

羅素從對知覺的分析入手。表象乃是相對的：一張桌子從不同的角度和不同的眼光看來就是不同的。但是我們並不認爲桌子在變化。於是羅素就設定了他所謂的「感覺資料」。它們乃是「在感覺中所直接認知的東西」，「我們所直接察覺到的東西」（[4]）。它們在變，儘管桌子並不變。在引入它們時，羅素也就區分了感知的一種行爲（或狀態）和它的對象。一種感知狀態乃是心靈的，而它的對象可以是或者不是心靈上的。這就導致了第一個重要的轉折點。因爲掌握了這一區別（而這一點在全書中都將是重要的），羅素便可能得出結論說：當你從不同的角度或不同的視線感知到這同一張桌子時，你的感知**對象**乃是同一個，儘管構成其爲你對它的覺察的那些經驗是不同的。他很可能主張，你感知的**對象**乃是桌子，而不是看上它去的那種方式。但是他卻並沒有採取這種觀點；他使得它以你所看到它的那種方式而成爲了你的感知的對象；而且他在它對你的心靈乃是私人所有、而且假如你不存在的話它也就不會存在的這種意義上，就把這一對象，亦即感覺資料，當成了是你的心靈所私有的。假如你不存在的話，它也就不會存在。

那麼，感覺資料和物理的客體是什麼關係呢？物理的客體形成感覺資料，物理學的目的就是要告訴我們，我們對於它們所能知道的一切。羅素終於在第三章中結論說：我們所知道的一切有關它們以及它們所占有的物理上的空間和時間，只不過是它們在關係上的結構，而並非它們內在的性質。但是首先，他提出了一個更爲根本的問題，——「如果這個實在並不就是所表現出來的那種樣子，那麼我們有沒有什麼方法知道究竟有沒有任何的實在呢？如果有的話，我們有沒有什麼方法可以發現它是什麼樣子呢？」（[6]）他認爲這一點在邏輯上是可能的：即我和我的經驗與思想就是全部的存在。但是對物質的常識上的信仰乃是本能，並且導致了最簡單的系統化的觀點，所以我們就可以接受它，哪怕我們承認它成爲錯誤在邏輯上的可能性（[10]-[11]）。

羅素繼續引出了一項教誡：

「我們發現，一切知識都必須根據我們的本能信仰而建立起來，如果這些本能被否定，便一無所有了。但是我們的本能信仰中，有些信仰比起別的來要有力得多；同時，其中許多信仰由於習慣和聯想又和其他信仰糾纏在一起，這些其他信仰其實並不是本能的，只不過被人誤認為是本能信仰的一部分罷了。

「哲學應該爲我們指明本能信仰的層次，從我們所最堅持的那些信仰開始，並且盡可能把每種信仰都從不相干的附加物之中孤立出來、游離出來……一種本能信仰，除非和別的信仰相牴觸，否則就永遠沒有任何理由不被接受；因此，如果發現它們可以彼此和諧，那麼整個體系就是值得接受的。

「當然，我們全部的信仰或其中的任何一條都是**可能**錯誤的，因此，對一切信仰都至少應當稍有存疑。但是，除非我們以某種別的信仰爲根據，否則我們便不可能有**理由**拒絕一種信仰。」（[11-12]）

關於此處所列舉的羅素的方法，突現了兩點：

1. 它在本質上是訴之於本能的信仰之合理的權威性的。羅素並沒有簡單地訴之於最簡單的假定，無論是本能的或是其他的。在第六章中，他討論了歸納法，他根本沒有提到最簡單的假說（或者「最好的解說」）之作爲一種推論的方法。在第[37]頁他所說的歸納原則，並不能就讓我們從感覺資料推論到物理的客體；它只能允許我們推論到感覺資料之間的各種關係。

在這方面，他的方法屬於哲學中的一種非常之英國式的傳統，即十九世紀特別是以湯瑪斯·萊德❶以及由穆勒❷（他活得恰好足以做羅素的教父）為代表的一種非常之有英國特色的傳統。所以注意到羅素的立場——與他的方法相反——是怎樣地與他們不同，是很引人入勝的。像羅素一樣，萊德肯定了本能的信仰以及對於物質信仰的本能特性的權威性。然而他也非常深刻地批判了知覺「當前的」對象就是感覺資料，或者用他的話來說就是「觀念」的這一提法。他所採取的觀點就是我說過的羅素所可能採取的觀點，——只要假定了他對觀察行為與其客體之間所做的區別的話。萊德對知覺的分析是非常之有力的，很多哲學家在這一點上都會傾向採取他的觀點而反對羅素那一方的。

穆勒也同意本能信仰的權威性。也像羅素在本書（第十一章）以及更早的萊德一樣，他認為記憶信仰乃是本能的，於是就接受了它們當作是權威性的。但是與萊德和羅素不同，他論證說，對物質的信念並不是本能的。它出自羅素在上引的那段話裡所認可的那種「習慣與聯想」。根據這些道理，穆勒就否認有任何理由可以認可物質的存在，假如它被設想為是各種感覺的一種非精神的原因的話。反之，物質卻應該被分解成為感覺的永恆可能性，——這一立場非常之有似於羅素本人後來（儘管只是暫

❶ 萊德（Thomas Reid, 1710-1796），英國哲學家。——譯注

❷ 穆勒（John Stuart Mill, 1806-1873），英國哲學家。——譯注

時）所採取的立場。

2.但是我們爲什麼就應該同意羅素（以及萊德和穆勒）說，如其一種信念是本能的，它就合理地是權威的呢？羅素並沒有提出這個問題，儘管他同意這一事實：一種信念是本能的，並不必定就是眞的。他的態度和萊德的與穆勒的一樣：如果我們不接受本能信念的合理的（哪怕被宣告是無效的）權威，那麼就全然沒有任何信念可以被認爲是有效的了。對於一個絕對的懷疑派，是沒有什麼可說的或者需要說的。

就此而言，這一點可能是對的，但是它卻留下了一個哲學的祕密。假設P是某種操作，是羅素可以接受的，可以用來提煉我們本能的信念並加以系統化。那麼他就要接受這一論點，即凡是一種延續P的本能的信仰的，就是一種合理的信仰。又是什麼使得那種信仰成爲合理的呢？難道那僅只是由於我們本能地相信它嗎？人們確實可以希望對「本能性」與合理性之間顯然是至關重要的這種聯繫再加以進一步闡明。但是羅素也像在他以前的穆勒和萊德一樣，並沒有嘗試要這樣做。

唯心主義：認識的知識和描述的知識

對唯心主義的批判（羅素在第[19]頁曾界定過它），是《哲學問題》中一個反覆出現的論題。唯心主義在貝克萊、康德和黑格爾的書中是多次提到過的，——對這些大不相同的哲學家，羅素是以大爲不同的方式加以處理的。某些貝克萊的論據，在第四章中是解決得很有效的。羅素又回到了他對於心靈行爲及其對象二者的區別，而且（或許是令人驚奇地設定了他本人對「感覺資料」的認可）運用它來反對貝克萊，那大抵上也就是萊德所採用的方式（[21]-[22]）。此外，貝克萊對唯心主義的中心論據之一是說：「我們不能知道我們所不曾知道的東西是否存在」（[22]）。但是，正如羅素指出的：「『知道』一詞在這裡的用法有兩種不同的意義」（[23]）。有的知識乃是說某種情況，即有關眞實性的知識，例如我對巴黎是法國的首都這種知識；但也有有關與眞實性相對立的各種事物的知識。羅素稱這後一種知識爲**認識**（acquaintance）。例如，我知道巴黎，那就是說我認識它；而我並不知道巴西利亞，哪怕我知道它是巴西的首都。正如羅素所說的，我們肯定能知道而且確實也知道存在著有某些客體是我們所不知道的，也就是說，有些客體是我們所不認識的。

這是對唯心主義所做出的一個很好的論點，正如羅素所說它只是探討了維護唯心主義的許多論據之中的一種，而且它也並不特別新穎。然而在以下的一章（第五章）中，探討卻有了一個新的轉折。羅素引入了**描述的**知識這一概念。我可以說是由於描述而知道了一個客體的，假如我知道它是唯一無二地滿足了一種描述的話。例如我之知道唯有巴西利亞才是滿足「巴西的首都」這一敘述的，所以我之知道它乃是由於敘述，哪怕我由於認識（acquaintance）卻不知道它。由敘述而得的知識不同於由認識而得的知識，它是不能歸本於認識了眞相的。羅素說，我們只是認識「我們所直接感知的那些客體，而不需要任何推論過程或者是任何有關眞理的知識作爲中介」（[25]）。這一點是他那知識論的一個重要部分，——可以稱之爲X論。根據以上的分析，我們便可以嚴格地說來是所體會到的，並且從而可以說是可知悉的，乃是我們的感覺資料和我們自身（[27]-[28]）。所以我就不可能眞正認識（acquainted）巴黎，而只不過是認識有關它的感覺資料而已。於是羅素就又增添了另一條重要的論題是有關認識與理解二者之間的聯繫的： [xi]

我們所能了解的每一個命題都必須完全由我們所認識的成分組成。（[32]）

這個論題可以稱之爲Y。由此可見，我們只能是對我們所熟悉的客體、從而迄今爲止也就是只對有關我們自身和我們的感覺資料做出判斷。然而哪怕這一點也是不可能的，假如它們乃是我們所認知的唯一選項的話。因爲要對一個選項做出一項判斷，就是對它給定某種謂語；而要這樣做，我就必須熟悉某種所被稱謂的東西。羅素把這些被稱謂的東西叫作共相。他那洞見之中有著一個非常重要而新穎的部分，即共相可以是任何數目的各方之間的各種關係。各種性質只不過是某一方面關係的特例。也可能有雙方的各種關係，像是a愛b；三方的關係，如a把b給了c；四方的關係，如a

距離b比c距離d更遠，如此類推。

由X可見，我們必須是直接地感受到共相。所以羅素對我們直接所感知的一切的全部清單之中，就包含著我們自身、我們的感覺資料和共相。而其中唯有共相才是公共的，只有它們才可能是超出某一個個人的認識以外的客體。這一客體以及X和Y就把羅素引到了我們可以談到的一些非常奇特的結論。例如，這就引導他達到了這一結論，即我們不可能肯定任何有關俾斯麥❸的問題。因爲考慮一下「俾是一個狡詐的外交家」，這裡的「俾」就是成其爲俾斯麥的那個客體。唯有俾斯麥本人才可能判斷這一點。而我們所能做到的，最多就只是去描述這類的命題——例如，「論到德意志第一任首相這個實際的客體，本命題斷言：這個客體原是一個狡詐的外交家」[31]。既已做出了這樣的一番描述，我們就可以判斷唯有能使它得以滿足的那個命題才是眞的。僅只因爲在這些描述中的共相乃是公共的，我們才能傳達。我們認識的任何其他客體，對於我們來說都是私有的。

我們不可能得出這樣奇怪的結論，即唯有俾斯麥才認識俾斯麥，假如我們放棄無論是X還是羅素那限制性的學說的話（即我們所能說的就是直接被覺察到的）。一個與俾斯麥對話的人，難道不是「直接覺察到」俾斯麥的嗎？再者，關於任何通常說

❸ 俾斯麥（Otto von Bismarck, 1815-1898），德國宰相。——譯注

[xii]

我可能認識的那種意義上，我所認識的乃是巴黎而不是巴西利亞。當然這與我覺察到的某種事實有著某種聯繫。我熟悉巴黎是因爲我曾經到過那裡，不是睡著而是意識到了我周圍的環境。Y也有某些值得稱道的地方，假如我們把它和通常有關認識的概念聯繫到一起的話。例如，讓我們考慮一下這一陳述：「最長壽的人還沒有出世呢。」我可以斷言這話是眞的。然而在一種很重要的意義上，它卻並不是一項有關確實對象（也就是活得最長壽的人）的判斷。因爲假設我很知道腓德烈事實上將要成爲壽命最長的人，那麼我的判斷就是錯誤的；然而它確實並非是一個有關腓德烈的判斷，——也就是我並沒有以一種顯然是謬誤的方式在判斷腓德烈，說他還沒有出生。另一方面，我肯定能夠做出有關腓德烈的各種判斷，乃是在這種意義上的，——即其他在若干世紀以前出世的人是不能做到的，儘管他們可以判斷說，最長壽的人還不曾出世呢。然則究竟是什麼才能使一個人可以做出有關腓德烈的判斷呢？那個人必須熟識腓德烈嗎？假如是如此，那麼又是在哪種意義上呢？這些問題以一種驚人的方式蔓延開來，並且一直在困擾著哲學家們。

自證、先驗與共相世界

（第六—十一章）

從第六章以下，羅素就考察我們是怎樣知道普遍原理的。首先他論證了歸納原理本身既不能被經驗所證明，也不能被否證；如其被人認知，它也必須是被它那「內在的證據」（[38]）所認知。歸納法也並非就是以這種方式而為人所知的唯一的普遍原則。第七章又補充說，基本的邏輯原則也內在地是清楚明白的，或者說是「自明的」，——確實，羅素的看法乃是它們要比歸納法有著更大程度的自明性。羅素使用了傳統的 *a priori*（先驗或先天）一詞來指純粹基於其自明性的，或者說我們由之而演繹出它們來的那種原理的自明性的普遍原則而具有的知識。他的意思是說，我們先於，或者說獨立於由經驗所提供的證據，就可以**認識**它們；雖說他同意經驗可能是必要的，使得我們覺察到了它們。邏輯的原則也並非是我們先驗地所知道的唯一原則。倫理學（即關於什麼是其本身就值得願望的學說）的原則和數學的原則也是先天的。

在羅素的用語裡，「先驗的」並不就等於「自明的」。因為一方面，某些先驗的原則並不是自明的。它們只是從那些成其為先天的原則之中推導出來的。另一方面，他也把僅只是陳述所賦給認知者的都是些什麼感覺資料，歸入為自明的。此外，因為他認為記憶乃是對過去的感覺資料的直接感知，所以這些自明的眞理也要包括記憶中所給定的有關感覺資料的各種眞理。對這類眞理的知識以及對邏輯、算學和倫理學的自明原理的先驗知識，也可以說是「直接的」或「直覺的」。其餘的一切知識都是由「推導」而來的。

這種「當下的」、「直覺的」或「自明的」知識的觀念，有著很多艱深的難點，而羅素卻從來不曾很好地澄清過，儘管他在第十一和第十三章中做了一些嘗試。他提示說：

> 「在「自明性」之中結合有兩個不同的概念：其中一個概念與最高度的自明性相應，其實也就是眞理一貫正確無誤的保證；另一個概念則是和所有其他自明性程度相應的，因此便不能提供無誤的保證，而只不過是一種或大或小的假定罷了。」（[68]）

後來，他解釋說：

> 「我們可以說，當我認識一椿和眞理相對應的事實時，這個眞理就是自明的（就其首要的絕對意義而言）。」（[79]）

可是當羅素使用 acquaintance〔認識〕一詞時，我們只能說是認識到了一個客體或事實，——假如客體存在或者是事實已經得出了的話。所以如果我肯定是認識到了我的信念與之相符合的事實，那麼當然就由此可見我的信念就是眞確的。可是我又怎麼能夠說，究竟我是認識了它，還是僅只似乎是呢？

現在考慮一下我對我目前感官—經驗的知識。以下各點是說得通的。(1)它不是由我對其他事物的知識所推論出來的，而僅只包括對那種感官—經驗的「當下」的覺察。(2)如果我覺察到有了某種感官—經驗，那麼我就有了那種感官—經驗。(3)如果我似乎覺察到有某種感官—經驗，那麼我就覺察到有了它。這對於羅素就是「當下的」或「直覺的」知識在第一種意義上的典型例子。但是現在就來比較一下記憶的情況。(1)我對我過去的感官—經驗的知識並不需要從我對其他某種事物的知識中推論出來。（當然，在某些情況下，它也可以是那樣。例如，我可以忘記了曾經有過某種經驗，但是從日記中推論我確實有過它。）(2)如果我記得有過某種感官—經驗，那麼我就確實有過那種感官—經驗。如果我沒有那種經驗，那麼我就僅只似乎記得有過它。但是恰好是在這一點上，這種比擬就坍塌了。我們不能說：(3)如果我似乎記得有過一種感官—經驗，那麼我就確實是有過。我可以滿懷眞摯和誠意地似乎記得某件事而又並不確實記得它。羅素在第[66]頁上承認這一點。

關於先驗知識的情況又怎樣呢？這樣一種先驗的知識是怎樣成爲可能的呢？這是康德提出來的一個有名的問題。與經驗主義派相反，羅素同意康德，認爲並非一切知識都是「分析的」（[46]）。而且他還隱然比康德走得更遠，他主張不僅是數學而且還有邏輯本身都不是分析的。因爲他同意純邏輯的演繹也可以得出新知識（[44]——這點小穆勒已經強調過）。但是羅素反駁了康德之企圖解釋對非分析的先驗知識的可能性。實質上他是在論證：當康德的解說是在表明（比如說）何以我們有必要相信二加二等於四，它卻並沒有解說何以二加二等於四是必然的（[49]）。

排除了康德和經驗主義之後，便爲羅素自己的答案掃清了道路。即，我們先驗的知識乃是我們對共相以及其間所存在的關係之當下的或直覺的知識（這些關係當然也是共相）。他帶著一種無辜的神情說道，他的理論就是柏拉圖的理論，「只是由於時代的進步而做了一些必要的修正罷了」（[52]）。在第[54]-[55]頁上羅素明確地論證說，任何試圖否認共相存在的人，至少都必須承認相似性在關係上的共相。所以每一個命題都必定包括有若干共相，但卻並非每一個命題都包含有個體。有關共相之間的各種關係的命題，都僅只包含著共相，從而我們對它們的知識就可以是先驗的。「一切先驗的知識都只處理共相之間的關係」（[59]）。

然而有一件事，經驗主義者卻是正確的。任何事物的存在都不可能先驗地爲人所知（[41]）。所以「我們一切先驗的知識都是和各種實體有關的，但確切地說，不論在心靈的世界裡或在物質的世界裡，這些實體都是不存在的」（[50]）。羅素也像世紀之交其他哲學家們一樣，是被引向了要區別開存在和「潛存」（subsistence）或者「有」

（being）（[56]-[57]）。

這肯定是一幅既與經驗主義者又與康德不同的畫面。但是它提出了顯而易見而又非常之嚴肅的難題是羅素所並未論及的（其困難是遠超乎存在和「有」之間那種令人感到神祕的區別之外與之上的）。一個問題便是：何以有關共相的*一切*命題都不可能先驗地爲人所知？「凡是人都有死」是一個普遍性的命題，因而就毫無例外地屬於普遍（的共相）。但是羅素會同意，它只是由歸納才能爲人所知。所以它就不是先驗的，——而何以不是？何以歸納法終究是必要的，倘若我們對於各種共相以及其間關係的世界終究能有直截了當的接觸的話。怎麼可能某些這類的關係就是先驗地可知的，而某些則否？

另一個問題則涉及我們自命爲對於共相有直接的感受。就記憶的情況而論，正如我們所看到的，其間就有回憶的經歷與被回憶的事件二者之間的區別。因爲它之所以如此，乃是我可以有一種回憶的經驗而並不必確實是在回憶著。只要回憶之舉是眞的，它就包含著從被回憶的對象到正在回憶著的這一經驗雙方之間的某種形式的聯繫或傳遞。而共相又是怎樣的呢？在這裡，我所覺察到的共相和我覺察的行爲，二者是截然不同的。它顯然必須是：我可以有一種經驗是覺察到了一個共相，卻並沒有覺察到這一點。而且還有，從我確實覺察到的一個共相到我對於這一點的覺察，其間也必定要有某種形式的聯繫或傳遞。

[xv]

那種聯繫可能是什麼，乃是一個謎。尤其是當我們談到與一個並沒有時間存在的世界相聯繫的時候。還有一個甚至於更深刻的神祕便是這一點：對於某種沒有時間而存在的存在體的認識，又怎麼可能給我以有關現存世界的眞相的知識呢？例如，既然我是一個人我就會有死的這種知識呢？然而，哪怕這些問題是能夠回答的，羅素也將會僅只表明：何以一種先驗的知識乃是自明的，——在其次要的、假設的意義上，而不是在其首要的、絕對的意義上。正如在記憶的例子中一樣，這乃是因爲*似乎是*覺察到各種共相之間的關係與確實是這樣地覺察到了，這兩者之間必須有一個區別的空間。現在假如我們認可了（正如很可以說得過去的那樣），似乎回憶起某些事就得出了一種推定的而又可以被宣告爲無效的保證，就認爲它是曾經發生過的；那麼我們或許也就可以承認，*似乎是*覺察到共相之間有著一種關係，於是便對認定它有這種關係給出了一種推定性的保證。然而這一點，儘管並非是毫無價值的，卻並不表明邏輯和數學便具有羅素想要使它們具有的那種絕對可靠性。一個經驗主義者仍然可以公開論證說，這類「先驗的」保證可以被經驗所推翻，正有如對記憶的那種假設的證據可以被推翻一樣。

哲學的性質與價值

通過了第十二章（參見進一步閱讀參考書目）所提出的有關眞理與判斷的區別的理論以及第十四章中對黑格爾的討論，——這兩章都很有趣地發揮了羅素對於關係的思想——我們最後便轉到羅素對於哲學的性質與價值的觀點。

他並不像維特根斯坦和維也納學派的看法那樣，把它看作本然地就是與科學不同的一種活動。哲學和科學兩者都必須是從本能的信仰和證據出發，並從而發展爲一種世界觀。區別就在於哲學更加關注於批判而非證據，特別是關注於對我們號稱是知識的批判性的考察（[87]）。但是建設性的批判與引向虛無的絕對懷疑主義相反，必須是從某種至少暫且可以認爲是知識的東西著手。

哲學的目的在於追求知識，然而它的價值大部分卻在於它那不確定性。它把人的心靈從狹隘的偏見之中解放出來。對於宇宙加以思索培育了靈魂的偉大；然而哲學要「把宇宙同化於人類（Man）」（[92]），卻是不可能做到的，——哲學實際上乃是自我肯定的一種形式。

顯然，羅素對哲學的價值的看法，是和他那本能的對於物理學的和共相的現實主義緊密相聯繫著的。和這種本能的現實主義相聯繫著的還有他的風格：某種引人入勝的文學頭腦，卻沒有在其他有影響的二十世紀的哲學家中是如此之顯著的那種自嘲或

[xvi]

暗示或朦朧。有趣的是：維特根斯坦是極其不喜歡羅素的《哲學問題》的，——那強烈得乃至激化了兩人之間的友誼。他對羅素的判斷理論抱有技術性的反感，而且對羅素玩弄「自明性」以及他對柏拉圖式的事實之先驗地可知的看法，都抱有很大的哲學上的厭惡。但是他那最深刻的、氣質上的反對則是針對其風格，而我們可以說本書所表現的倫理態度（尤其是書中的最後一章）乃是維特根斯坦所最爲反感的。

維特根斯坦從技術上的反對，確實是深深地震動了羅素。而正是維特根斯坦把哲學作爲一種自我融解的活動這一概念——這一概念與羅素的大爲不同——卻在二十世紀中葉登場，左右了分析哲學。然而儘管他的流風餘澤依然到處彌漫，但它已不再占有統治地位。另一方面，羅素在本書中的見解，無論是在它的許多細節方面（包括他對於判斷理論的提法），還是在他把哲學作爲是對本能的信仰與科學的假說之批判性的分析這一總的哲學觀方面，都受到當今許多哲學家強而有力的支持。正如我們所提到的，這些見解也深深地存在於英國的哲學研究的傳統之中。這便是它那二十世紀最偉大的代表人物之一——但僅此一個——從一種富有彈性的哲學背景所寫成一篇導論。我們不可能合理地要求更多的東西了。

德譯本前言❶

本書寫於一九一一年，但自從那時以來，我對於此處所討論的某些論題已經經歷了重要的發展。這一發展幾乎全然是由於應用了我的朋友懷德海❷和我在《數學原理》（*Principia Mathematica*）所運用的原理的結果。在該書中，我們提出了：諸如「類」和「數」這類賓詞只不過是邏輯的結構而已這一觀點的理由。那就是說，這類客體並沒有其本身的涵義，而只不過是使用它們的一種規則而已，我們可以界定這些符號所出現於其中的某一陳述的意義，但是它所意味的卻並不包括任何與這些符號

[95]

❶ 係保羅・赫爾茲（Paul Hertz）所提供（愛爾蘭根版，一九六二）。本前言的英文原文，如其確曾有過的話，現在亦已佚失了。此處文本根據的是伊卜拉欣・納札爾（Ibrahim Najar）和希澤爾・克爾克康納爾（Heather Kirkconnell）的譯文，刊載於《羅素》（《伯特蘭・羅素檔案》期刊）第十七期，一九七五年春季號，第二十七—二十九頁。此處所收係經烏姆遜（J. O. Urmson）略加修訂。

❷ 懷德海（A. N. Whitehead, 1861-1947），英國哲學家。——譯注

相符合的組成成分。於是我們就被導向稱之爲「奧坎的剃刀」❸這一原則的一種新的運用，即實體的數目按這一原則不得多出於必需之上。懷德海使我深信，物質這一概念就是屬於這種多餘類型的一個邏輯的虛構，也就是說，物質可以當作是在時空連續體中各個不同部件的一套相關聯事件的體系。可以有各種方法來實現這一點，而在其間迄今爲止一直都是很難加以抉擇的。懷德海在他的《自然知識原理》和他的《自然的概念》兩書中遵循的是一種方式，而我在我的《我們對外部世界的知識》則遵循另一種方式。按照這一說法，則第一章、第二章中有關物質所說的話，就需要加以改動了，儘管還不至於達到看起來所可能有的那種程度。

這種同樣的方法和同樣的原則，就引導我做出進一步的改動。在《哲學問題》一書對於知識的討論中，我設定有主體存在，並把認識處理成爲主體與客體之間的一種關係。而現在我則把主體也看作是一種邏輯結構。其結果便是我們必須放棄感覺作用與感覺資料之間的區分；在這個問題上我現在同意威廉·詹姆士❹和美國實在主義學派。在我的知識論中所需要加以改變的這一結果，可以見之於我的《心的分析》一書中。

❸《奧坎的剃刀》為英國哲學家奧坎·威廉（William of Ockham, 1280-1349）所提出的原則：要把假設減少到最低限度，亦即摒除一切不必要的假設。——譯注

❹威廉·詹姆士（William James, 1842-1910），美國哲學家。——譯注

在寫作《哲學問題》一書時，普遍相對論還不爲人所知，而我也尚未充分認識到這一特殊理論的重要性。假如當時我就已估計到了相對性理論，我會選擇某些不同的表述的❺。但是本書中所討論的問題絕大部分都和這個理論全然無關，而且在總體上也絕不曾受過它的影響。

假如我是現在來寫這部書，我將會更加傾向於把某些倫理論述當作是先驗的，關於歸納法我會談得更多，假如我能夠使用爾後問世的凱恩斯先生❻《概率論》一書的話。

看來我不可能把這類變化都納入本書之中，因爲以上所引述的觀點全然有賴於邏輯的運算，很難表述得使一般人都能理解。此外，這裡所提及的各種理論上的變化，要比它們就其自身來加以解說會更容易被人理解。因此，我認爲最好就是讓本書依然按照我在一九一一年寫它時的原來面貌，而附之以根據爾後的研究所寫出的這篇序言，它就表明了原書的不足之處。

---

❺ 一九六六年九月二十日羅素在致他的牛津大學出版社編輯的一封信中，回答有關本書封面的設計問題，他寫道：「我以為本書最合適的封面應該是一隻猴子的肖像，在懸崖邊上戰慄著喊道：『哎呀，我希望我沒有讀過愛因斯坦。』」他在信尾的「又及」中補充說：「這隻猴子可絕不能看起來像我。」

❻ 凱恩斯（J. M. Keynes, 1883-1946）英國經濟學家、數學家。——譯注

前言

在本書各章中，我主要限於談論那些我認爲可以發表一點肯定的和建設性意見的問題，因爲單純否定的批判似乎是不適當的。爲了這個緣故，本書中知識論所占篇幅就比形而上學更多些，而哲學家們討論得很多的一些論題，即使加以處理，也處理得非常簡略。

G．E．莫爾（Moore）和J．M．凱恩斯（Keynes）兩位先生的未出版的著作，給了我很寶貴的幫助：前者是在處理感覺資料和物質客體的關係方面，而後者是在處理關於或然率和歸納法方面。吉爾伯特．墨萊（Gilbert Murray）教授所提出的批評和建議也使我獲益匪淺。

第一章　現象與實在

世界上有沒有一種如此之確切的知識，以至於一切有理性的人都不會對它加以懷疑呢？這個乍看起來似乎並不困難的問題，確實是人們所能提出的最困難的問題之一了。在我們了解到要找一個直接可靠的答案會遭遇到障礙的時候，我們就算是完全捲入了哲學的研究，——因爲哲學只不過是一種企圖，即企圖解答這類根本的問題。但是，哲學並不像我們在日常生活中那樣，甚至於也不像我們在科學中那樣粗率地、武斷地來解答問題，而是先要探討這類問題令人感到困惑的所在，並認識到潛伏在我們日常觀念之中的種種模糊與混亂，然後才批判地做出解答。

在日常生活中，我們想像有許多事物是眞確的；但是仔細加以觀察，就可以發現它們卻是如此之充滿了顯明的矛盾，以至於唯有深思才能使我們知道什麼是我們眞正可以相信的。在探討眞確性時，我們自然是從我們現有的經驗出發，而且在某種意義上，知識無疑地就是從這些經驗派生出來的。但是，直接經驗使得我們知道那個東西究竟是什麼，有關這一點，任何陳述都很可能是錯誤的。我覺得我此刻正坐在一張椅子上，面前是一張某種形狀的桌子，我看到桌上有一些字紙。我轉過頭來，便看到窗子外邊的建築物，還有雲彩和太陽。我相信太陽離地球約爲九千三百萬英里；我相信它是一個比地球大許多倍的熾熱天體；我相信由於地球的自轉，太陽便每天早晨升起，並且未來它仍將繼續如此。我相信，如果有個正常的人走進我的房裡，他也會像我一樣地看到這些椅子、桌子、書和紙；而且我相信，我所見到的桌子就是我的手壓著的這張桌子。這一切，似乎都如此之顯然，以至於幾乎不值得一提，除非是爲了答覆一個懷疑我是否能有所知的人。可是，在我們還不能確定我們已經能以完全眞確的形式把它們加以說明之前，我們對於一切都有理由懷疑，並且所有這些都需要有許多次審愼的討論。

爲了表明我們的困難，讓我們把注意力集中在這張桌子上。看起來，它是長方形的、棕色的、有光澤的；摸起來，它是光滑的、冷的、硬的；我敲它的時候，它就發出木器的響聲。任何人見到、摸到這張桌子，並聽到它的聲音，都會同意這樣的描述，所以就好像不會有什麼困難問題發生似的；但是，只要我們想更加精確的話，我們的麻煩就開始了。雖然我相信這張桌子「實在地」是清一色的，但是，反光的部分看起來卻比其餘部分明亮得多，而且由於反光的緣故，某些部分看來是白色的。我知道，假如我挪動身子的話，那麼反光的部分便會不同，於是桌子外表顏色的分布也會有所改變。可見，假如幾個人同時在看這張桌子的話，便不會有兩個人所看到的顏色分布恰好是同樣的，因爲沒有兩個人能恰恰從同一個觀點看見桌子，而觀點的任何改變都要使光線反射的方式發生某種變動。

就最實用的目的來說，這些差別是無關緊要的；但是，對於一個畫家，它們可就極其重要了。畫家必須摒除這樣的思想習慣，即習慣於斷定物體所具有的顏色就是常識認爲它們所「實在」具有的那種顏色；他必須養成一種習慣，能按照物體所表

[2]

現的樣子來觀看它們。在這裡，我們已經開始遇到一個構成爲哲學上的最大困難的區別了，——即「現象」與「實在」的區別，事物好像是什麼和它究竟是什麼這兩者之間的區別。畫家想要知道事物好像是什麼，實踐家和哲學家則想要知道它們究竟是什麼；而哲學家想知道的願望比實踐家的更爲強烈，並且因爲他知道解答這個問題的困難，也便更感到煩惱。

我們再回過來談桌子。根據我們以上的發現，顯然並沒有一種顏色是突出地表現爲桌子的顏色，或桌子任何一個特殊部分的顏色，——從不同的觀點看上去，它便顯出不同的顏色，而且也沒有理由認爲其中的某幾種顏色比起別樣顏色來就更加實在是桌子的顏色。並且我們也知道即使都從某一點來看的話，由於人工照明的緣故，或者由於看的人色盲或者戴藍色眼鏡，顏色也還似乎是不同的，而在黑暗中，便全然沒有顏色；儘管摸起來、敲起來，桌子並沒有改變。所以，顏色便不是某種本來爲桌子所固有的東西，而是某種依賴於桌子、觀察者以及光線投射到桌子的方式而定的東西。當我們在日常生活中說到桌子的顏色的時候，我們只是指在通常的光線條件下，桌子對於一個站在普通觀點上的正常觀察者所似乎具有的那種顏色。但是在其他條件之下所顯示出來的其他顏色，也都有同等的權利可以認爲是眞實的；所以爲了避免偏好，[3] 我們就不得不否認桌子本身具有任何獨特的顏色了。

同樣情況也可以適用於它的質地。一個人可以用肉眼看見木頭的紋理，但從另一方面看過去，桌子卻是光滑的、平坦的。如果我們透過顯微鏡來看它的話，我們就會看到粗糙不平的丘陵深谷，以及肉眼所不能看見的各式各樣的差異。兩者之中，究竟哪一個是「實在的」桌子呢？自然我們總想說，透過顯微鏡所看見的才是更實在的，但是用一架倍數更高的顯微鏡來看的時候，那就會又有所改變了。那麼，我們既不能信賴我們用肉眼所看見的東西，又爲什麼應當信賴透過顯微鏡所看見的東西呢？這樣說來，我們所由以出發的感官對於我們又是靠不住的了。

談到桌子的**形狀**，也不見得更好一些。我們都習慣於按照物體的「實在的」形狀來加以判斷，而且我們是如此之不假思索，以至於我們竟以爲我們的確看到了實在的形狀。但是事實上，如果我們要作畫，我們就必須曉得，一定的物體若從各個不同的觀點來看，形狀便會不同。如果我們的桌子「實在」是長方形的，那麼，差不多從任何觀點看來，它都彷彿有著兩個銳角和兩個鈍角。如果對邊是平行的，那麼看起來它們就會在距離觀察者的遠處收斂成爲一點。如果對邊長度是相等的，那麼看起來，彷佛較近的一邊就要長些。在看一個桌子的時候，所有這些情況通常都未曾被人注意，因爲經驗已經教會了我們要從外表的形狀構想「實在的」形狀，而「實在的」形狀才是我們作爲實踐者所感興趣的東西。但是「實在的」形狀並不就是我們所看到的那樣；它是從我們所看到的之中推論出來的東西。再者，我們在房裡走來走去，我們所看見的東西也便經常地在改變著它的形狀；所以，在這裡，感官又似乎並不給我們提供有關桌子本身的眞理，只不過提供有關桌子的現象而已。

當我們考慮到觸覺的時候，也發生同樣的困難。的確，桌子總是給我們一種硬的感覺，而且我們也感覺得到它耐壓。但是我們所獲得的感覺卻取決於我們加於桌子的壓力有多大，也取決於我們用身體的哪一部分去壓它；這樣，由於不同的壓力或者由於身體不同部分而得到的各種不同的感覺，就不能認爲是直接顯示桌子的確切的性質，它們至多只是某種性質的標誌而已，這裡所說的某種性質也許就是造成所有感覺的原因，但在外表上它的確不存在於任何感覺之中。同理顯然也適用於敲桌子所引起的音響。

這樣，便顯然可見，實在的桌子假如確乎存在的話，也並不就是我們憑藉視覺、觸覺和聽覺所直接經驗到的那同一張桌子。實在的桌子假如確乎存在的話，也不是爲我們所直接認知的，而必定是從我們所直接認知的東西中得出的一種推論。因此，這裡就有兩個非常困難的問題：(1)到底有沒有一個實在的桌子呢？(2)如果有，它可能是個什麼樣的客體呢？

有幾個意義很明確的簡單術語，可以幫助我們考慮這兩個問題。讓我們把感覺中所直接認知的東西稱作「感覺資料」：如顏色、聲音、氣味、硬度、粗細等等。我們將把直接察覺到這些東西的經驗稱作「感覺」。這樣，只要我們看見一種顏色，我們就有一種對於顏色的感覺，但是，顏色本身乃是一種感覺資料，而不是一種感覺。

顏色是我們所直接察覺到的東西，但是察覺本身乃是感覺。這是很淺顯的：倘使我們要認識桌子，就必然憑藉感覺資料——棕色、長方形、平滑等等，——我們是把這些和桌子聯繫在一起的；除了上述的理由之外，我們不能說桌子就是感覺資料，也不能說，感覺資料徑直就是桌子的性質。於是，假定有這樣一個實在的桌子的話，便發生了關於感覺資料和實在的桌子的關係問題。

實在的桌子如果存在的話，我們將稱它爲「物理的客體」。因此，我們就必須研究感覺資料和物理客體的關係。物理客體的總和就叫作「物質」。這樣，我們的兩個問題便可以重行表述如下：(1)究竟有沒有任何「物質」這樣的東西呢？(2)如果有，它的性質是什麼？

第一個正式提出理由，認爲我們感官的直接客體並不能獨立於我們之外而存在的哲學家便是貝克萊主教（一六八五—一七五三）。他的《海拉斯和菲拉諾斯關於反對懷疑論者和無神論者的對話錄三篇》❶就是企圖證明根本就沒有物質這樣的東西，世界除了心靈和它們的觀念以外就什麼也沒有。海拉斯向來是相信物質的，但是他不是菲拉諾斯的對手，菲拉諾斯毫不留情地使得他自相矛盾，結果菲拉諾斯自己關於否定物質的說法看起來就彷彿是常識一般。他所用的那些論證，價值極不相同：有的很

---

❶ 中譯本：《貝克萊哲學談話三篇》。——譯注

重要，而且是正確的；有的是混亂的，或者模稜兩可。但是，貝克萊還是有他的功績的，他指出了物質的存在完全可以通情合理地被我們所否定，並且指出倘使有任何東西可以獨立於我們之外而存在的話，那麼它們就不可能是我們感覺的直接客體。

當我們問物質是否存在的時候，就涉及兩個不同的問題，明確一下這兩個問題是重要的。通常我們用「物質」來指一種和「心靈」相對立的東西，來指一種我們認爲占據空間而根本不是屬於任何一種思維或意識的東西。貝克萊主要是在這種意義上否定物質的；那就是說，他並不否認通常我們以爲是桌子存在的標誌的那些感覺資料是某種獨立於我們之外的東西的存在標誌，但是他確乎不認爲這個某種東西可以是「非心靈」的，也就是說，可以既不是心靈，也不是某個心靈所具備的觀念。他承認：當我們走出屋子或閉起眼睛的時候，必定有某種東西繼續存在；並且我們所謂看見了桌子，實際上就使我們有理由相信，即使我們不看它，也有某種東西繼續存在著。但是他以爲，這一某種東西在性質上絕不能和我們所看見的迥然不同，而且也不可能全然獨立於看見之外，儘管它必然要獨立於我們的「看見」。這樣，他便認爲，「實在的」桌子是上帝心靈中的一個觀念。就我們只能推論它、卻永遠不能當下直接察覺到它而言，這種觀念就具有著必要的永恆性和對我們的獨立性，而同時又並不是某種完全不可知的東西，但是物質卻不是這樣的了。

貝克萊以後的其他哲學家也曾抱有這樣的見解，即認爲儘管桌子不是依賴於我的看見才存在，但是它的確要依賴於被某一個心靈所看見（或者以其他的方式被感覺到），——雖然並非一定依賴於上帝的心靈，但是往往必須依賴於宇宙整個綜合的心靈。他們像貝克萊一樣也抱有這種見解，主要是因爲他們認爲不可能有什麼東西是實在的，——無論如何，除了心靈及其思想和感情以外，沒有什麼被認知的東西是實在的。我們大致可以這樣來表述他們所用以支持他們見解的論證：「任何可以被思維的東西，都是思維者心靈中的一個觀念；因此，除了心靈中的觀念以外，再沒有能夠被人思維的了；因此，任何其他事物都是不可想像的，而一切不可想像的，都不可能存在。」

就我看來，這樣的論證是謬誤的；提出這種論證的人當然說得並不那麼唐突、那麼露骨。但是，不論這個論證有效與否，它已經非常廣泛地以各種形式被人提了出來；而且有很多哲學家，也許是大多數，都抱著這樣的見解：除了心靈和心靈的觀念以外，就沒有什麼東西是實在的。這樣的哲學家就叫作「唯心主義者」。當他們要解釋物質的時候，要麼他們就像貝克萊那樣說，物質其實只不過是一束觀念；要麼就像萊布尼茲（一六四六—一七一六）那樣說，表現成其爲物質的一切事物，其實或多或少只是原始心靈的聚合而已。

但是這些哲學家們，儘管他們對於作爲和心靈相對立的物質是否定的，但在另一種意義上，還是承認有物質的。現在還可以記得，我們曾問過兩個問題：(1)究竟有沒有一個實在的桌子呢？(2)如果有，它可能是怎樣的客體？貝克萊和萊布尼茲兩個人都承認有一個實在的桌子，但是貝克萊說，它是上帝的心靈之中的某些觀念；而萊布尼茲則說，它是一堆靈魂。這樣說來，他們兩個都以肯定的方式，回答了我們的第一個問題；只是在解答我們的第二個問題時，他們才和常人的見解有了分歧。事實上，差不多所有的哲學家都似乎一致同意有一個實在的桌子。他們幾乎都同意：不論我們的感覺資料——顏色、形狀、平滑等——是多麼有賴於我們，但是它們的出現卻是某種不依賴我們而存在的東西的標誌，而這一某種東西，雖然也許完全和我們的感覺資料不同，卻可以認作是我們在和實在的桌子有著一種適當關係時造成了感覺資料的原因。

現在顯然可見，哲學家們所一致同意的這一點，——不論桌子的性質如何，總歸有一個實在的桌子的這種見解，——是極其重要的；在我們尚未進一步討論到有關桌子的性質問題之前，值得先慮一下，到底有哪些理由可以讓我們接受這種見解。因此，在下一章，我們就要論到何以要假定有一個實在的桌子的那些理由。

在我們繼續談下去以前，最好先考慮一下，到此為止，我們所已經發現了的都是些什麼。看起來，倘使我們舉出一個普通的客體，我們認為它是可以憑感官認知的，那麼感官所直接告訴我們的便不是關於離開我們而獨立的那個客體的眞理，只不過是關於一定感覺資料的眞理；而且就我們所能看出的而言，這些感覺資料乃是依賴於我們和客體之間的關係的。這樣說來，我們所直接看見的和感覺到的，便只不過是「現

[6]

象」罷了；而我們相信那是背後的某種「實在」的標誌。但是，如果這個實在並不就是所表現出來的那種樣子，那麼我們有沒有什麼方法知道究竟有沒有任何的實在呢？如果有的話，我們有沒有什麼方法可以發現它是什麼樣子呢？

這類問題實在是令人困惑的，就連最怪誕的假說，我們也很難知道它就是不眞確的。這樣，我們所熟悉的桌子雖然一向並沒有惹動過我們的思緒，現在卻已經變成了充滿驚人的可能性的問題了。關於它，我們所知道的僅僅是，它並非是它那樣子。超出了這個平凡的結果的範圍而外，我們都有充分的自由任意猜測。萊布尼茲告訴我們，它是一堆靈魂；貝克萊告訴我們，它是上帝心靈中的一個觀念；嚴謹的科學幾乎也同樣使人驚異地告訴我們說，它是極其龐大的一堆激烈運動著的電荷。

在這些驚人的可能性之中，懷疑又向我們揭示說，也許根本就沒有桌子。哲學，如果它所**回答**的問題不如我們所期望的那麼多，最低限度也有權**詢問**一些可以增加對世界的好奇心的問題，並且可以指出日常生活中最平凡的事物的表面之下所潛伏著的奇異和奧妙。

第二章　物質的存在

在這一章裡，我們必須自問，不論就哪種意義來說，究竟有沒有物質這種東西。是否有一個具有某些內在性質的桌子，在我不看它的時候也繼續存在著呢？抑或這個桌子只不過是我的幻想的產物，是一場大夢中夢見的桌子呢？這個問題是極爲重要的。因爲如果我們不能肯定客體的獨立存在，我們也便不能肯定別人身體的獨立存在，因此，便更不能肯定別人心靈的存在了；因爲除了憑藉觀察他們的身體而得到的那些根據而外，我們再沒有別的根據可以相信他們也有心靈。這樣，倘使我們不能肯定客體的獨立存在，那麼我們就會孤零零地失落在一片沙漠裡，——也許眞是這樣：整個外在世界只不過是一場夢境，唯有我們才是存在著的。但這是一種不大愉快的可能性；儘管不能嚴格證明它是虛妄的，然而也沒有絲毫理由來假定它就是眞確的。在這一章裡，我們必須明瞭爲什麼會如此。

在我們開始研究可疑的問題之前，讓我們先找出一個多少是已經確定了的某一點作爲出發點。雖然我們懷疑桌子的物理存在，但是我們並不懷疑感覺資料的存在，它使我們認爲有一個桌子；我們並不懷疑我們觀看的時候可以看見一定的顏色和形狀；我們按下去就可以經驗到某種硬度的感覺。這一切心理的東西，我們並不懷疑。事實上，什麼東西都可以懷疑，但是最低限度，我們的某些直接經驗似乎是絕對可以肯定的。

笛卡兒（一五九六—一六五〇）這位近代哲學的奠定者，曾創出一種方法，即至今還有用的系統懷疑法。凡是他不曾看得十分清楚明白的事物，他絕不相信是眞的。

任何事物，只要他認爲可以懷疑的，他就懷疑，直到無可懷疑爲止。運用這種方法，他逐漸相信他所能完全肯定的唯一存在就是他自己的存在。他想像有一個騙人的魔鬼以連續不斷的幻景在把不眞實的事物呈現給他的感官；在他看來，這種魔鬼的存在雖然是難於置信的，但是仍然是有可能的，因此對於憑藉感官所覺察到的事物加以懷疑，也就是可能的。

但是，懷疑他自己的存在則是不可能的，因爲如果他不存在的話，就沒有魔鬼能夠騙他。如果他懷疑，那麼他就必然存在；如果他有過什麼經驗，那麼他也必然存在。這樣，他自己的存在對於他便是絕對可靠的了；他說，「我思，故我在」（*Cogito, ergo sum*）；他就在這種眞確可靠性的基礎之上，重新著手建立起被他的懷疑所摧毀了的知識世界。由於創造了懷疑法，又由於指出主觀的事物是最可靠的，笛卡兒對於哲學便完成了一樁偉大的貢獻，使他至今對於一切學哲學的人還都是有用的。

但是使用笛卡兒的論證時需要注意。「我思，故我在」這句話毋寧比嚴格確定的東西說得多了一些。彷彿我們都能夠十分肯定，今天的我們就是昨天的我們。在某種意義上，這無疑是眞的。但是實在的自我就和實在的桌子是一樣地難於達到，而且似乎它也並不就具有屬於特殊經驗的那種絕對令人信服的可靠性。當我看我的桌子而看見某種棕色的時候，我馬上可以十分肯定的並不是「我看見了棕色」而是「棕色被看見了」。當然其中包括那看見了棕色的某個東西（或者某個人）；但是它本身並不

[8]

包括我們所稱之爲「我」的那個多少是有持久性的人。就當下的可靠性而論，很可能是：那個看見棕色的某種東西完全是一瞬間的，它和下一瞬間具有不同經驗的某種東西並不是同一個。

這樣說來，具有原始可靠性的，就是我們的特殊思想和感情了。這不但可以適用於正常的知覺，也一樣可以適用於夢境和幻覺。當我們夢見或看見鬼的時候，的確我們可以有、並自以爲有看見了鬼的感覺，但是由於各種理由，我們可以堅持這樣的見解：即，並沒有物理的客體和這些感覺相應。因此，我們對於我們的自身經驗的意識，其確切可靠性是不容加以任何限制並允許有例外的。於是在這裡，無論如何我們還是有著一個堅固的基礎，可以由此開始我們對於知識的追求。

我們所必須考慮的是這個問題：就算是我們肯定了自己的感覺資料，我們是不是有理由認爲這些東西就是我們稱之爲物理客體的某種東西存在的標誌呢？當我們列舉我們自然而然地會認爲與桌子相聯繫著的一切感覺資料的時候，我們是否已經說盡了有關桌子的一切呢？或者是否還有不是感覺資料的某種別的東西，在我們離開屋子的時候，仍然繼續存在著呢？常識毫不猶豫地回答說有。一個可以買賣、可以推來推去，又可以鋪上一塊布等等的東西，不可能僅僅是感覺資料的集合而已。倘使用布把桌子完全蓋起來，那麼我們從桌子就得不到感覺資料了；因此，倘若桌子眞的僅只是感覺資料的話，那它就會中止其存在，而那塊布便會出於一種奇跡而在桌子原來的地

[9]

方懸空了。這種見解顯然是荒謬的；但是要想做一個哲學家就必須鍛煉得不怕荒謬。

我們之所以覺得在感覺資料以外還應當有一個物理的客體，其最大的原因在於我們要求不同的人都有著**同一**個客體。當十個人圍著一張餐桌就坐的時候，若堅持說他們所看見的不是同一塊臺布，不是同一的那些刀叉、調羹和玻璃杯，那就荒謬可笑了。但是，感覺資料對每個人都是個人的，而直接呈現於這個人視界的東西，並不就是直接呈現於另一個人視界的東西；大家都從略微不同的觀點在看事物，因此看事物也就略有差異。因此，倘使眞有共同的中立的客體存在，而這種客體在某種意義上對於許多不同的人又是可能認知的話；那麼，就一定有某種東西是超出於不同的人所見的個人特殊的感覺資料之外與之上的。但是，我們有什麼理由相信有這種共同的中立的客體呢？

我們自然而然會遇到的第一個答案就是：儘管不同的人可以稍有差異地來看桌子，但是他們看桌子的時候所看見的總還是一些類似的東西，而且他們所看見的種種不同的變化也是服從光線的遠近和反射定律的；所以便很容易下結論說，有一種持久的客體構成了所有不同的人的感覺資料。我向這間房的舊房客買下了我這張桌子；我買不來**他的**感覺資料，他的感覺資料在他走的時候就消失了；但是我卻能夠買、也的確買來了可以信得過多多少少是與之相類似的感覺資料的期待。所以，事實是：不同的人們都有著相類似的感覺資料，而一個人在不同的時間，只要是在一定的地點，也會有相類似的感覺資料。這就使我們可以假定：超乎感覺資料之外與之上，一定有一個持久性的共同客體，它是構成爲不同的人和不同時間的感覺資料的基礎或原因。

以上這些考慮都假設在我們自己以外還有別的人，僅就這一點而論，這些考慮都犯了丐辭的毛病。別人之所以在我面前呈現，是由於某些感覺資料，譬如他們的樣子或他們的聲音；但是如果我沒有理由相信原來就有著不依賴於我的感覺資料而獨立存在的物體，那麼除了別人是我夢中的一部分之外，我便沒有理由來相信別人的存在了。這樣，當我們想要指明一定會有客體是不依賴於我們自己的感覺資料而獨立存在的時候，我們就不能訴諸於別人的證驗了，因爲這一證驗本身就是感覺資料組成的；而且除非我們自己的感覺資料乃是不依賴於我們而獨立存在的事物的標誌，否則這一證驗就不能揭示出別人的經驗。因此，倘使可能的話，我們就必須在自己純個人的經驗裡找出某些特徵來，以便足以證明，或者有可能證明：世界上除我們自身和個人經驗而外，也還有別的事物存在著。

在某種意義上說，必須承認，我們永遠都不能證明在我們自身之外和我們經驗之外的那些事物的存在。世界是由我自己、我的思想、感情和感覺所組成的，其餘一切都純屬玄想，——這種假設並沒有什麼邏輯上的謬誤。在夢裡，似乎也可以有一個極其複雜錯綜的世界，可是一覺醒來我們就發現它是一場虛幻了。這就是說，我們會發現：夢裡的感覺資料彷彿是和我們從自己的感覺資料所自然而然地推論出來的那些物理客體是不相應的。（的確，一旦假定有物理世界存在，就可能給夢境裡的感覺資料找出物理的原因：比方說，一聲門響可以使我們夢見一場海戰。但是，在這種情形中雖然感覺資料有一個物理的原因，卻沒有一個物體像一場眞正的海戰那樣和感覺資料相應。）我們若假設整個人生是一場夢，而在這場夢裡是我們自己創造出了一切顯現在我們眼前的客體，這個假設在邏輯上也並不是不可能的。但是，儘管它並非在邏輯上是不可能的事，可是也沒有任何理由來假定它就是眞確的；事實上，從作爲一種說明我們生活事實的方法來看，這個假設就不如常識的假設來得簡單了，常識的假設是：確實有著不依賴於我們而獨立存在的客體，這些客體對我們所起的作用就是我們的感覺發生的原因。

要是假定眞有物體，問題自然就簡單了；這一點是顯而易見的。倘使有一隻貓某一瞬間出現在屋子的某一個角落，而下一瞬間又出現在另一個角落；那麼，我們自然會假定：牠從房屋的某一部分經過一系列的中間部分而走到了另一部分。但是，如果貓只是一組感覺資料的話，那麼牠就不可能走過我不曾看到牠的任何地方；這樣，我們就不得不假定：在我不看牠的時候，牠根本就不存在；不過牠在一個新地方突然之間又出現了。倘使這隻貓不論我看見或不看見都是存在著的話，那麼我們就可以根據我們自身的經驗來了解牠如何會在兩餐之間漸漸地覺得肚子餓；但是，倘使在我不看見牠時牠並不存在，那麼，不存在時牠的食欲竟會和存在時一樣地增加得很快，就似乎是荒誕的了。再者，這隻貓如果僅僅是感覺資料組成的，那麼牠便不會餓，因爲除了我自己的飢餓以外，沒有別的飢餓能夠對我成爲感覺資料。這樣，對我表現成其爲一隻貓的那些感覺資料的行爲，雖然把它看成爲飢餓的表現彷彿是十分自然的，但是，要把它看成爲只是一片顏色的運動和變化，就極其費解了；一個三角形既然不會踢足球，一片顏色自然也不會飢餓。

但是，貓這個例子的困難性，比起人的困難性來就要小得多了。人說話時——也就是說，我們聽見某些聲音，把它們和觀念聯繫在一起，同時也看見嘴唇的某些動作和面部表情時，——我們很難設想：我們所聽見的並不是一種思想的表達；因爲我們知道倘使我們也發出同樣的聲音來，的確也是如此。當然，在夢裡也有類似的情形，我們在夢中，對於別人的存在是會犯錯誤的。但是，夢總是或多或少受著我們醒時生活的暗示，倘使我們假定眞有一個物理世界存在，那麼夢多少是可以根據科學的原則得到說明的。這樣，每一條簡單的原理都使我們接受這一自然的觀點：除了我們自身和我們的感覺資料以外，確實還有客體，它們的存在是不依賴於我們對它們的覺察的。

當然，我們本來就不是憑藉論證才相信有一個獨立的外在世界的。我們一開始思索時，就發現我們已經具有這種信仰了：那就是所謂的本能的信仰。在視覺中，感覺資料本身被人本能地信爲是獨立的客體，但是論證卻指明客體不可能是和感覺資料同一的；我們永遠不會對這種信仰產生懷疑。這種發現在味覺、嗅覺和聽覺的事例中一點也不矛盾，只是在觸覺中稍微有一點。然而我們還是相信的確有和我們的感覺資料相應的客體，我們本能的信仰並不因之而減弱。既然這種信仰不會引起任何疑難，反倒使我們經驗的敘述簡單化和系統化，所以就使人沒有理由不接受它。因此，儘管夢境引起人懷疑外部世界，我們還是可以承認外部世界的確存在著，而且它的存在並不有賴於我們不斷地覺察到它。

使我們能得出這個結論的論證，無疑地不如我們所希望的那麼有力，但是它在許多哲學論證中卻是典型的，因此，就值得對於它的普遍性和有效性簡略地加以考慮了。我們發現，一切知識都必須根據我們的本能信仰而建立起來，如果這些本能信仰被否定，便一無所有了。但是，我們的本能信仰中，有些信仰比起別的來要有力得多；同時，其中許多信仰由於習慣和聯想又和其他信仰糾纏在一起。這些其他信仰其實並不是本能的，只不過被人誤認為是本能所信仰的一部分罷了。

哲學應當為我們指明本能信仰的層次，從我們所最堅持的那些信仰開始，並且盡可能把每種信仰都從不相干的附加物之中孤立出來、游離出來。應當慎重指出，我們的本能信仰在其最後所採取的形式中，不應當互相牴觸，而應當構成一個和諧的體系。一種本能信仰，除非和別的信仰相牴觸，否則就永遠沒有任何理由不被接受；因此，如果發現它們可以彼此和諧，那麼整個體系就是值得接受的。

當然，我們全部的信仰或其中的任何一條都是可能錯誤的，因此，對一切信仰都至少應當稍有存疑。但是，除非我們以某種別的信仰爲根據，否則，我們便不可能有理由拒絕一種信仰。因此，透過組織我們的本能信仰和它們的結論，透過考察其中哪些（如果必要的話）是可能修正的，哪些是可以放棄的，然後把我們所本能信仰的東西當作是我們唯一的資料來接受；在這個基礎上，我們就可以使我們的知識有條理、有系統，雖然其中仍有錯誤的可能性，但是由於各部分之間的相互關係，並且由於默認之前所進行的批判的檢查，錯誤的可能便減少了。

這個任務至少是哲學所能夠完成的。大多數哲學家都正確地或錯誤地相信哲學能夠做的要比這多得多，——相信它能提供我們有關宇宙整體的知識、有關最根本的「實在」的性質的知識，這些都是用別種方法所不能獲得的。不論事實是否如此，我們所說的這個比較謙遜的任務，哲學必須要完成；而且對於那些一度曾開始懷疑常識的確切性的人們，哲學也必然足以證明：哲學問題所包含的辛勤艱苦的勞動是正當的。

第三章　物質的性質

在前一章裡，儘管找不出足以證明的理由，我們還是一致同意這種想法是合理的，即我們的感覺資料——譬如說，我們認爲和我的桌子相聯繫的那些感覺資料——實際上是某種不依賴於我們和我們的知覺而獨立存在的東西的標誌。那就是說，超乎顏色、硬度、聲音等等對我構成其爲桌子現象的那些感覺之外與之上，我還假定有某種東西的存在，而顏色、硬度、聲音等等不過是它的一些現象而已。倘使我把我的眼睛閉起來，顏色就不再存在了；倘使我把我的胳膊移開而不再接觸桌子，硬的感覺就不再存在了；倘使我再不用指頭敲桌子，聲音也便不再存在了。但是我並不相信在這一切都停止存在時，桌子便也停止存在。恰恰相反，我卻相信正是因爲桌子繼續存在，所以才能在我又睜開眼睛，放回我的胳膊，又開始用指頭敲桌子的時候，所有這一切感覺資料又重新出現。在這一章裡，我們所必須考慮的問題是：這個不依賴於我的知覺而繼續獨立存在的實在的桌子，它的性質究竟是什麼？

對於這個問題，物理科學提供了一個答案。不錯，這個答案不太圓滿，而且還帶幾分假設性，不過就其實際而論，它卻仍然值得注意。物理科學多少不自覺地流於這種觀點：一切自然現象都應當歸結爲運動。光、熱和聲音都是由於波動而來的，波動從放射它們的物體傳到看見光或感覺到熱或聽見聲音的人。具有這種波動的東西如其不是以太，就是「粗糙的物質」；但是無論如何都是哲學家所稱爲物質的東西。科學所賦給物質的唯一性質，就是占有空間位置和依照運動規律而運動的能力。科學並不否認物質還可以具有其他性質；但是倘使有的話，這些其他性質對於科學家來說也並沒有用處，絕不能幫助他說明各種現象。

人們有時說「光是一種波動的形式」，但是，這是誤解；因爲我們所直接看見的光，我們憑藉感官所直接知道的光，並不是一種波動的形式，而是一種迥然不同的東西，——一種我們大家只要不瞎就都會知道的東西，儘管我們並不能把我們對於光的知識描述給一個瞎子。波動就恰恰相反了，我們可以很好地把它描述給一個瞎子，因爲瞎子能夠憑觸覺獲得關於空間的知識；而且做過海上旅行之後，他就幾乎能夠像我們一樣地體驗到波動。但是一個瞎子所了解的這種波動並不是我們所指的光。我們所指的光，一個瞎子永遠不能了解，我們也永遠無法描述給他。

這種東西是我們一切不瞎的人都知道的，但根據科學來說，實際上又不是在外部世界裡所可以找到的：它是由於一定的波動作用在看見光的人的眼睛裡、神經裡和腦子裡所造成的東西。我們說光是波動，實際上是指，波動是那個使我們有了光的感覺的物理原因。但是，能看見的人所體驗到的、而瞎子卻不能體驗到的光這件東西本身，科學並不認爲它是構成不依賴於我們和我們的感官而獨立存在的世界的任何一部分。類似的見解也可以適用於別種感覺。

不僅顏色和聲音等等是科學的物質世界中所不存在的，就連我們透過視覺和觸覺所接觸到的空間也是如此。對於科學來說，主要的是科學所謂的物質應當占據一個空

[14]

間，但是它所占據的這個空間不可能恰好就是我們所看見的或感覺到的那個空間。首先，我們所看到的空間並不就是我們憑藉觸覺所觸到的那個空間；唯有從小就有了經驗，我們才學會怎樣去摸我們所看見的東西，或者是怎樣去看我們覺得觸及我們的東西。但是科學上的空間乃是中性的，介於觸覺和視覺之間；所以，它既不可能是觸覺的空間，也不可能是視覺的空間。

再者，不同的人根據各自的觀點在把同一個東西看成不同的形狀。例如，一個小圓幣，雖然我們總**斷定**它是圓形的，但是除非我們正面對著它，不然看起來它可能是橢圓形的。我們斷定它**是**圓形的時候，我們是斷定它具有一個實在的形狀，這個實在的形狀並不就是它的外觀的形狀，而是與它的外表無關的本身內在的那個形狀。和科學有關的這一實在形狀才占有一個實在的空間，這個空間不同於任何人**表面所看**見的空間。實在的空間是公共的，而**表面所看**見的空間則是屬於知覺者**個人**的。在不同的人的個人空間裡，同一客體彷彿具有不同的形狀；這樣，實在的空間（客體在其中具有它的實在形狀）也就必然和個人的空間不同。因此，科學上的空間雖然和我們所看見的、所感覺到的空間相互有聯繫，但是並不相同；而且，它們的聯繫方式還需要加以考察。

我們暫且同意物體雖不能完全和我們的感覺資料相似，但卻可以看成是**形成**我們的感覺的**原因**。這些物體都占有科學上的空間，我們可以稱之為「物理的」空間。必

[15]

須注意的是，倘使我們的感覺是由於物體所造成的，那麼就必然會有一個物理空間，裡邊容納有這些客體、我們的感官、神經和腦子。當我們和一個客體接觸的時候，我們就從它獲得一種觸覺；也就是說，這時我們身體的某部分在物理空間中所占據的位置和客體所占據的空間十分接近。在物理空間中，如果介於客體和我們的眼睛之間沒有非透明體，我們（粗淺地說）就會看見一個客體。同樣，只有在我們充分接近客體的時候，或者當客體接觸到舌頭的時候，或者當客體在物理的空間中跟我們的身體處於一個適當位置的時候，我們才能聽見它、嗅到它或者嘗到它。除非我們把一個已知客體和我們自身都看作是在同一個物理空間之內，不然我們便無從陳述在不同的情況下，從這個客體我們可以得到哪些不同的感覺；因爲主要是客體和我們身體的相互位置，決定了我們可以從客體得到哪些感覺的。

現在，我們的感覺資料都是在我們個人的空間之內，不是在視覺空間之內，便是在觸覺空間之內，再不然，就是在其他感官所能給我們的那些更爲模糊的空間之內。如果眞像科學和常識所假定的那樣，有著一個公共的無所不包的物理空間，其中存在著一切物體；那麼物體在物理空間中的相互位置就必然和感覺資料在我們個人空間中的相互位置會多少相應。我們可以毫無困難地假定這就是實在的情況。如果我們看見路上有一座房子比另一座房子近些，我們的其他感官就會支持這座房子是比較近些的這種看法；譬如說，我們循著這條路走，就會先走到這座房子。別人也會同意，這座看來離我們較近的房子的確是近一些；軍事地圖叫人看來也產生同樣感覺；這樣，一切就都表示著：兩座房子之間的空間關係和我們望著房子時我們所看見的感覺資料之間的空間關係，兩者是相應的。因此，我們就可以假定說，的確有一個物理空間，物體在這個空間所具有的空間關係和各個相應的感覺資料在我們個人空間中所具有的空間關係，兩者是對應的。幾何學所探討的，以及物理學和天文學所假定的，便是這個物理空間。

假定的確有物理空間，又假定它和個人空間是這樣相應的，那麼，我們關於它所能夠知道的是什麼呢？我們所能夠知道的只不過是保持這種相應關係所需要的東西罷了。那就是說，關於它本身是個什麼樣子，我們一點都不知道，但是我們卻能夠知道各個物體間的空間關係所產生出來的物體的排列方式。例如，我們能夠知道，日月食時，地球、月亮和太陽是在一條直線上，儘管我們並不知道一條物理的直線是什麼，就像我們能知道在我們的視覺空間中一條直線是什麼樣子。因此，對於物理空間中的距離關係，我們所知道的便比對於距離本身所知道的要多得多；我們可以知道一個距離大於另一個距離，也可以知道它跟另一個在一樣地循著同一直線進行，但是我們卻不能對於物理上的距離有直接的認識，因爲我們只是在個人空間裡認識距離，或認識顏色、聲音或其他感覺資料。我們所能知道的關於物理空間的一切，就像一個天生的瞎子之能夠透過別人而知道的關於視覺空間的一切。但是，一個天生的瞎子有他對於視覺空間所永遠不能知道的事情，我們對於物理空間也有不能知道的。我們能夠知道諸多關係要保持與感覺資料相應所需要具有的特性是什麼；但是，我們無法知道造成諸多關係的那些項目的性質是什麼。

談到時間，我們對時間綿延的感覺或者對時間推移的感覺，比起鐘錶來顯然是不可靠的。我們煩惱或感受痛苦時，時間過得很慢；我們心懷愉悅時，時間過得很快；我們睡眠時，時間過得幾乎像不存在一樣。所以，僅就時間是由綿延所組成的而論，就有必要像對待空間一樣也把時間區別爲公共的和個人的。但是就時間包含一種先後的次序而言，便無須加以這樣的區別了；按我們的了解，事件所似乎具有的時間次序和它們所確實具有的時間次序是同樣的。無論如何，我們沒有理由假定這兩種次序是不同的。說到空間，通常這也是同樣眞確的；如果有一隊人沿著一條大路前進，那麼，從不同的觀點看上去，這個大隊的形狀就會是不相同的；但是從任何觀點看去，這些人所排列的次序總是同樣的。因此，我們認爲，這個次序在物理空間之中也是眞確的，同時只有在需要保持次序的時候，我們才假定形狀和物理空間是相應的。

當我們說事件所彷彿具有的時間次序和它們所實在具有的時間次序是相同的，我們這裡必須防範一種可能的誤解。絕不能設想，不同的物體的不同狀態與構成對於這些客體的知覺的那些感覺資料有著同樣的時間次序。把雷聲和閃電作爲物理的客體來考慮的時候，它們是同時的；那就是說，閃電和空氣的擾動在擾動開始的地方，也就是在閃電所在的地方，是同時發生的。但是我們所稱爲聽見了雷聲的這一感覺資料，卻要等到空氣的擾動已經遠遠達到了我們所在的地點之後才能夠發生。同樣，太陽光約需八分鐘才能照到我們；因此，我們看太陽時所見的乃是八分鐘之前的太陽。就我們的感覺資料所提供的關於物質太陽的證據而言，它們所提供的乃是八分鐘前的物質太陽的證據。如果物質太陽在這八分鐘內已經不存在了，這跟我們說「看見太陽」這一感覺資料並沒有任何關係。這就爲我們提供了一條新例證，證明必須把感覺資料和物體區別開來。

關於空間，我們所看見的乃是和我們看見的感覺資料及其物理的對應部分的相應關係大致相同的。如果一個客體看來是藍的，另一個是紅的，那麼我們就有理由認爲這兩個物體之間有某種相應的區別；如果這兩個客體看來都是藍的，我們就可以認爲它們有一種相應的類似之點。但是我們卻不能希望直接認識其所以使物體表現爲藍色或紅色的性質。科學告訴我們，這種性質是某一種波動，這聽起來並不陌生，因爲我們想起了我們眼見的空間裡的波動。但這種波動其實是處在我們毫無直接認識的物理空間之中的。因此，實在的波動便沒有我們以爲它們會有的那種親切感。可以說明顏色的，也可以非常類似地說明其他感覺資料。這樣，我們就發現：由於物體之間的關係相應於感覺資料之間的關係，前者就有種種可知的性質；儘管如此，但是盡我們感官發現之能事，物體本身的內在性質依然是不可知的。問題仍舊是：有沒有別的方法可以發現物體的內在性質？

無論如何，就視覺的感覺資料而言，我們可以首先採用最自然的（雖然終究不是最有把握的）一個假說：物體雖然由於我們考慮過的原因而不可能和感覺資料**絕對地**一樣，但是它們總會多少相像。根據這種見解，物體就眞的有（比如說）顏色，而我們也許會僥倖看見一個客體所實在具有的顏色。在任何固定的一瞬間，一個客體所似乎具有的顏色，從許多不同的觀點看來，大體上總是極其相似的，儘管不盡相同；這樣，我們便可以假定，「實在的」顏色就是介於不同色調之間的一種中間的顏色，色調的不同是由觀點的不同而來的。

這種理論也許不可能明確加以反駁，但是卻可以說它是沒有根據的。首先，顯而易見，我們所看見的顏色僅僅取決於射入我們眼睛的光波的性質，因此，它受到光從客體到眼睛這個方向的映射方式的限制，也受到介於我們和客體之間的媒介的限制，而且除非介於其間的空氣完全清潔，不然顏色就會發生變化；再者，強烈的反射還會使顏色完全改變。因此，我們所看見的顏色只是光線到達眼睛時所造成的結果，而並不單純是光線所離開的那個客體的一種性質。因此，只要有某些光波到達眼中，無論光波所離開的那個客體有沒有顏色，我們就一定會看見某種顏色。因此，我們絲毫沒有必要假定物體有顏色，也沒有正當的理由做出這種假定。對別的感覺資料，也可以援引完全類似的論證。

還需要追問的是：究竟有沒有普遍的哲學論證可以使我們說，如果物質是實在的，那麼它就必然有如此這般的某種性質。前面已經說過，許多哲學家，也許是大多數哲學家都認爲：凡是實在的都必然在某種意義上是精神的；或者說，無論如何，凡是我們能夠知道的都必然在某種意義上是精神的。這樣的哲學家就叫作「唯心主義者」。唯心主義者告訴我們：凡表現爲物質的，其實都是某種精神的東西；這就是說，它或者（像萊布尼茲所說的）多少是原始的心靈，或者（像貝克萊所提出的）是心靈中的觀念；照我們通常的說法，正是這些才「知覺」到了物質。這樣，唯心主義者雖然並不否認我們的感覺資料是某種不依賴我們個人感覺而獨立存在的某種東西的標誌，但是卻否定了物質的存在，否定了作爲與心靈有著內在差異的某種東西。在下一章裡，我們將要簡略地考察一下唯心主義者所提出用以支持他們自己的理論的各種理由，這些理由在我看來都是錯誤的。

第四章　唯心主義

「唯心主義」這個名詞，各個哲學家使用起來意義稍有不同。我們把它理解爲這樣的學說：一切存在的，或者至少，一切爲人所知道是存在的，在某種意義上都必然是精神的。這種學說在哲學家中受到廣泛的支持；並且有好幾種形式，以不同的理由被人提倡著。這種學說是如此之廣泛受人支持，它本身又是如此之饒有趣味，所以就連最簡略的哲學概論也要對它論述一番。

不習慣於哲學思考的人，可能易於把這樣一種學說看成是顯然荒謬的而加以抹殺。毫無疑問，常識把桌子、椅子、太陽、月亮和一些物質客體，一般都認爲是根本不同於心靈以及心靈的內容的，認爲它們有著一種存在，即使心靈不復存在，它們也還是會繼續存在的。我們想像，早在任何心靈存在之前，物質就已經存在了；而很難想像物質只是精神活動的一種產物。但是，不管唯心主義是眞是妄，總不能把它看成是顯然的荒謬而加以抹殺。

我們已經看到，即使物體的確具有獨立存在，它們也必然和感覺資料大不相同；而它們之相應於感覺資料，只不過像目錄相應於已被編目的東西。因此，關於物體的眞正內在性質，常識完全把我們留在了黑暗之鄉；所以，倘使有正當的理由可以把物體看成是精神的，那麼我們並不能僅只因爲它使我們覺得奇怪，就把這種見解理所當然地加以摒棄。有關物體的眞理，必然是奇怪的。它可能爲人們所不能達到，但是如果任何哲學家相信他已經達到了它，那就不能因爲他當作眞理所提出來的東西是很奇怪的，便反對他的見解。

宣揚唯心主義的根據一般是從知識論得出來的，也就是說，是由一種討論而來的。討論的是：事物具備哪些條件，我們才能認識它們。第一個嚴肅地企圖把唯心主義建立在這種根據之上的人是貝克萊主教。首先，他以許多論證（這些論證大部分是有效的）證明：我們的感覺資料不能被假定爲不依賴我們而獨立存在，它最低限度也必然部分地是在心靈之「內」，這是就如下意義而言的，即在沒有看、聽、摸、嗅和嘗的時候，它們就不再存在。到此爲止，他的說法差不多是確實有效的，哪怕其中有些論證還不正確。但是他繼續論證說，感覺資料是我們的知覺所能向我們確保其存在的唯一事物，而所謂被認知，就是在一個心靈之「內」存在，因此也就是精神的。他結論說，除了在某個心靈之內所存在的事物而外，無論什麼也不能爲我們所認知；任何被認知的事物，不在我的心靈之內就必然在別一個心靈之內。

要想明瞭他的論證，就必須明瞭他對於「觀念」（idea）這個詞的用法。他把直接被認知的任何東西都叫作「觀念」，例如，感覺資料被我們所認知。於是，我們所看見的一種特定的顏色就是一個觀念；我們所聽見的一句話也是一個觀念，等等。但是這個術語並不完全限於感覺資料。它也包括我們記憶或想像的那些事物，因爲在我們記起或想到的時刻，我們對於這類事物也有直接的認識。所有這類直接資料，他都稱之爲「觀念」。

[20]

然後他又考察一棵樹之類的普通客體。他指出：當我們「知覺」這一棵樹的時候，我們所直接認識的就是由他所謂的「觀念」組成的；而且他論證說，關於這棵樹，除了被我們所知覺的而外，我們並沒有根據再假定有什麼是實在的。他說，它的存在就在於它的被人知覺，用經院學者慣用的拉丁文來說，它的「*esse*」（存在）就是「*percipi*」（被知覺）。他完全承認這棵樹必然繼續存在，甚至是在我們閉起眼睛或沒人接近它的時候。但是他說，這種繼續存在是由於上帝繼續知覺到它的緣故；這棵「實在的」樹和我們所謂的物理客體相應，它是上帝心靈中的觀念所組成的，這些觀念總是和我們看見這棵樹時所具有的觀念相似；但不同之點是：只要這棵樹繼續存在，這些觀念便永遠在上帝的心靈裡。根據貝克萊的意見，我們的一切知覺就在於部分地是分享上帝的知覺，而正因爲這種分享，不同的人就看見大致同一的樹。這樣說來，因爲任何被認知的都必然是一個觀念，所以離開了心靈及其觀念，世界便一無所有，並且也不可能有任何其他東西可以被認知。

這種論證有相當多的錯誤，它們在哲學史上是很重要的，應該揭示出來。首先在使用「觀念」這個名詞方面發生了混亂。我們認爲「觀念」根本是某人心靈內的某種東西，這樣，人家告訴我們說一棵樹完全是由一些觀念組成的時候，我們自然就會假定：果眞如此，那麼這棵樹就必然完全存在於心靈之內。但是存在於心靈之「內」這個提法是含糊的。我們說心內有一個人，這並非意味著這個人是在我們的心內，而是

[21]

意味著我們在心內想到他。當一個人說他所必須處理的事情已經完全不放在他的心裡了，他的意思並不蘊涵著事務本身曾經在他的心裡，而只不過是說，對於事務的念頭原來是在他的心裡的，後來已經不在他的心裡了。所以當貝克萊說，如果我們能認知這棵樹，這棵樹就必然在我們的心內的時候，他眞正有權說的，便只是對於這棵樹的思想必然存於我們的心靈之內罷了。要論證這棵樹本身必然存在我們的心靈之內，就正像是論證我們心裡所懷念的一個人其本人就存在我們的心靈之內一樣。這種混亂似乎太顯著了，以至於不會有任何一個有能力的哲學家眞會犯這種錯誤，但是種種不同的附帶情況竟使這種混亂成爲了可能。爲了明瞭它是如何成爲可能的，我們就必須更深入地研究關於觀念的性質的問題。

提到觀念的性質這個一般性的問題之前，我們必須先辨明兩個完全各自獨立的問題，即關於感覺資料的和關於物理客體的。我們已經明瞭，從種種不同的細節看來，貝克萊把構成我們對於樹的知覺的感覺資料，看成多少總是主觀的，這是正確的。當然，這僅僅是就這一意義而言，即感覺資料之依賴於我們，正有如依賴於那棵樹，樹如果不被人知覺，感覺資料也就不會存在。但是這個論點和貝克萊所用以證明任何可以被直接認知的事物必然存在於一個心靈之內的那個論點截然不同。爲著這種目的而去詳細論證感覺資料之有賴於我們，是徒然的。一般地說，必須要證明的乃是：事物由於被認知而表明了它是精神的。這就是貝克萊自信他已經做到了的事。現在我們所必須從事研究的也正是這個問題，而不是我們上面那個關於感覺資料和物體之間的區別問題。

就貝克萊的「觀念」這個詞而論，只要心靈之前有個觀念，便有兩種截然不同的東西需要考慮。一方面是我們所知道的事物，——比如說我的桌子的顏色，——另一方面是眞正知道的本身，也就是知道事物的那種精神行爲。精神行爲無疑是屬於精神的，但是，有沒有什麼理由可以假定所知道的事物在某種意義上也是精神的呢？我們上面對於顏色所做的論證，並沒有證明顏色是精神的；那些論證只是證明顏色的存在有賴於我們的感官對於物體（以桌子爲例）的關係。那就是說，那些論證已經證明：在一定的光線之下，只要正常的眼睛是在比較靠近桌子的某一點上，便會看見有一定的顏色存在。那些論證並沒有證明顏色乃是在知覺者的心靈之內的。

貝克萊的看法是：顏色顯然必定是在心靈之內，這種看法之爲人稱道，似乎靠的是把被知覺的事物和知覺的作用本身混爲一談了。這兩者都可以稱爲「觀念」；貝克萊大概也這樣稱呼它們。這種行爲毫無疑問是存在於心靈之內的；因此，當我們想到這種作用的時候，我們就會欣然同意觀念必然是存在於心靈之內的這種見解了。於是，我們便忘記了只有在把觀念當作一種認知的行爲時，這種見解才是眞確的；所以我們便把「觀念存在於心靈之內」這個命題轉化成爲另一種意義上的觀念，也就是轉化成憑藉我們的認知行爲而知道的事物本身了。這樣，由於一種不自覺的同語異義，我們便得到了這個結論：凡是我們所知道的，就必然存在於我們的心靈之內。這似乎就是對貝克萊論證的眞正分析，也是他的論證的根本錯誤之所在。

在我們對於事物的知覺中，區別知覺的作用和所知覺的對象這個問題有著極大的重要性。因爲我們獲得知識的全部能力是和它結合在一起的。認知自身以外事物的能力，是心靈的主要特徵。對於客體的認知，主要是在心靈與心靈之外的某種東西之間的關係中構成的；這一點就構成爲心靈認知事物的能力。如果我們說，被認知的事物必然存在於心靈之內，那麼我們不是不恰當地限制了心靈的認知能力，就是在說著同義反覆的話了。如果我們把「在心靈之**內**」理解爲與「在心靈之**前**」相同，也就是說，我們僅僅理解成爲被心靈所認知，那麼我們就是僅僅在說著同義反覆的話而已。但是，倘使我們眞是意味著這一點，我們就不得不承認：凡是**在這種意義**上存在於心靈之內的，仍然可以不是精神的。因此，當我們認識到知識的性質的時候，就可以看出貝克萊的論證在本質上以及在形式上都是錯誤的，他假設「觀念」——亦即，被知的客體——必然是精神的那些根據，我們發現全都沒有任何的有效性。因此，他擁護唯心主義的根據，我們就都可以取消。我們再來看一看是不是還有什麼別的根據。

人們常常說，我們無法知道有沒有我們所不知道的事物存在，彷彿這句話是一個自明的眞理一樣。這可以引申爲任何事物只要能夠以某種方式與我們的經驗相關聯，就至少也是可以被我們認知的；由此可見，倘使物質根本是某種我們所無法認知的東西，那麼它就是一種我們不能夠知道它是否存在的東西了，而它對於我們也便無關緊要。大體上說，由於某些不能明確的原因，這也就蘊涵著：一切對我們無關緊要的東西便不可能是實在的；因此，物質如果不是由於心靈或心理的觀念所組成的，它便是不可能的，而且只能是一場蜃樓幻景罷了。

在目前的階段，我們還不可能充分深入研究這種論證，因爲它所提出的論點需要相當程度的初步討論；但是目前我們可以先看看反對這種論據的理由都有哪些。讓我們先從終點談起：並沒有理由說，一切對於我們沒有實際重要性的東西，就不應當是實在的。當然，如果把理論的重要性也包括在內的話，那麼每種實在的東西對於我們便都有某種重要性了，因爲人們既然希望認知有關宇宙的眞理，我們便會對於宇宙中所包含的一切事物都感到某種興趣。但是若把這種興趣也包括在內，那麼，物質對於我們無關重要這個問題便不是癥結所在；只要物質存在著，即使我們不能知道它的存在也沒有關係。顯然我們可以懷疑物質能不能存在，並且也可以懷疑它是不是存在；因此，物質就是和我們的求知欲相聯繫著的，它的重要性就在於，不是滿足我們的這種欲望，便是阻礙我們的這種欲望。

再者，說我們不能知道我們所不曾知道的東西是否存在，——這非但不是一條眞理，事實上反而是虛假的。「知道」（know）一詞在這裡的用法有兩種不同的意義。(1)第一種用法是，它可以應用於與錯誤相對立的知識上，就這種意義而言，凡是我們所認知的，就是**眞確**的，這種意義我也可以應用在我們的信仰上和論斷上，也就是可以應用在所謂**判斷**上。就這個詞的這種意義而言，我們說，我們知道某種事物是如何如何。這樣的知識可以說是**眞理**的知識。(2)上面所提到的「知道」一詞的第二種用法是：這一詞可以應用在我們對於**事物**的知識上，這我們可稱之爲**認識**。我們之認知感覺資料就是在這種意義上說的。（兩者的區別大致就是法文中 savoir〔理解〕和 connaître〔認識〕之間的區別，或者德文中 wissen〔理解〕和 kennen〔認識〕之間的區別。）

因此，這種看來貌似是眞理的說法若是重加敘述的話，就變成了下列的樣子：「我們永遠也不能眞確地判斷我們所不認識的東西是否存在。」這絕不是一條眞理，恰恰相反，它是一種露骨的虛妄。我並沒有認識中國皇帝的榮幸，但是我卻可以眞確地判斷他是存在的。自然，也可以說，我這樣判斷是因爲別人認識他。然而這是毫不相干的反駁，因爲哪怕這一原則是眞確的，我也不能知道誰認識他。再則，也毫無理由說：對於**人人**所不知道的事物，我也就不應該知道它的存在。這一點是很重要的，需要加以闡明。

如果我認識一種事物是存在的，那麼我的認知就給我以有關它存在的知識。但若反過來說，只要我能夠知道某種事物存在，我或者誰便必然會認知這種事物，這種說法就不是正確的了。倘使我對於一件事物不認知，而能有正確的判斷；那麼首先這件事物一定是憑藉*描述*而使我得以認知的，其次根據某種普遍的原則，便可以從我所認知的某一事物的存在中，推論出來符合於這種描述的事物的存在。爲了充分了解這一點，最好是先解決認知的知識和描述的知識的區別，然後再來考慮哪種普遍原則的知識（如果有的話）和我們自己經驗中的存在的知識具有同等確切的可靠性。這些問題將在下面幾章裡加以討論。 [24]

第五章　認知的知識和描述的知識

在前一章裡，我們已經看到有兩種知識：即，關於事物的知識和關於眞理的知識。在本章中，我們將完全研究有關事物的知識。我們也必須把它區別爲兩類。若是認爲人類在認識事物的同時，實際上可以絕不認知有關它們的某些眞理，那就未免太輕率了；儘管如此，當有關事物的知識屬於我們所稱爲親自認知的知識那一類時，它在本質上便比任何有關眞理的知識都要簡單，而且在邏輯上也與有關眞理的知識無關。憑描述得來的關於事物的知識卻恰恰相反，從本章敘述中我們便會發現，它永遠免不了要以某些有關眞理的知識作爲自己的出處和根據。但是，「親自認知」是什麼意思，「描述」又是什麼意思，這是我們首先必須弄清楚的。

我們說，我們對於我們所直接察覺的任何事物都是有所認識的，而不需要任何推論過程或者是任何有關眞理的知識作爲中介。因此，我站在桌子面前，就認識構成爲桌子現象的那些感覺資料，——桌子的顏色、形狀、硬度、平滑性等等；這些都是我看見桌子和摸到桌子時所直接意識到的東西。關於我現在所看見的顏色的特殊深淺程度，可能有很多要談的，——我可以說它是棕色的，也可以說它是很深的，諸如此類。但是像這類的陳述雖然可以使我認知有關顏色的眞理，但卻不能使我對於顏色本身知道得比過去更多：僅就與有關顏色的眞理的知識相對立的有關顏色本身的知識而論，當我看見顏色的時候，我完完全全地認知它，甚至於在理論上也再不可能有什麼關於顏色本身的知識。因此，構成桌子現象的感覺資料是我所認識的事物，而且這些事物是按照它們的本來樣子爲我所直接認知的。

但是，對於作爲物體的桌子，我所具有的知識便恰恰相反了，那並不是直接的知識。就它的實際而言，它是由對於那些構成桌子現象的感覺資料的認識而來的。我們已經看到，我們可能，而且可以毫不荒謬地懷疑桌子的存在，但是要懷疑感覺資料則是不可能的。我對於桌子所具有的知識是屬於我們應該稱之爲「描述的知識」那一類的。桌子就是「造成如此這般感覺資料的物體」。這是在用感覺資料來**描述**桌子的。爲了要認知有關桌子的任何東西，我們便必須認知那些把桌子和我們所已經認識的東西相聯繫起來的眞理：我們必須知道「如此這般的感覺資料都是由一個物體造成的」。我們沒有一種直接察覺到桌子的心靈狀態；我們對於桌子所具有的全部知識實際上就是有關**眞理**的知識，而成其爲桌子的那個確實的東西嚴格說來卻是我們一無所知的。我們知道有一種描述，又知道這種描述只可以適用於一個客體，儘管這個客體本身是不能爲我們所直接認知的。在這種情形中，我們說我們對於這個客體的知識便是描述的知識。

我們的一切知識，不管是有關事物的知識或是有關眞理的知識，都以認識作爲它的基礎。因此，考慮都有哪些事物是我們所已經認識的，就非常之重要了。

我們已經看到，感覺資料是屬於我們所認識的事物之列的；事實上，感覺資料提供了有關認識的知識之最顯明而又最引人矚目的例子。但是如果它們是唯一的例子，

[26]

那麼我們的知識所受的限制便要比實際上更大得多。我們便只會知道現在呈現於我們感官之前的東西：對過去的我們便將一無所知，——甚至於會不知道有所謂的過去，——我們也不能有關於感覺資料的任何眞理，因爲一切眞理的知識（以後我們就要指明）都要求能認識那些根本與感覺資料性質不同的東西，這些東西有時被人稱爲「抽象觀念」，但是我們將稱之爲「共相」。因此，想要使我們的知識獲得任何相當恰當的分析，我們就必須在感覺資料以外，還考慮認識別的東西。

超出感覺資料範圍之外首先需要加以考慮的，就是透過**記憶**的認識。很顯然，我們常常記得我們所曾看見過的或聽見過的或以別種方式曾達到我們感官的一切事物，而且在這種情況中，我們仍舊會直接察覺到我們所記憶的一切，儘管它表現出來乃是過去的而不是現在的。這種由記憶而來的直接知識，便是我們關於過去的一切知識的根源。沒有它，就不可能有憑推論而得來的關於過去的知識了，因爲我們永遠不會知道有任何過去的事物是能夠加以推論的。

在感覺資料範圍之外還需要加以研究的，就是**內省**的認識。我們不但察覺到某些事物，而且我們也總是察覺到我們是察覺到了它們的。當我看見太陽的時候，我也總是在察覺到我看見了太陽。因此，「我看見太陽」就是我所認識的一個客體。當我想吃東西的時候，我可以察覺到我想吃東西的欲望；因此，「我想吃東西」就是我所認識的一個客體。同樣，我們也可以察覺到我們在感覺著喜悅或痛苦，以及一般在我們

[27]

心靈裡所發生的事件。這類認識可以稱爲自覺，它是我們關於內心事物所具有的一切知識的根源。顯然可見，只有在我們自己心靈裡所發生的事件，才能夠被我們這樣直接地加以認識。在別人心靈裡所發生的，則只是透過我們對於他們身體的知覺才能被我們認識，也就是說，只有透過與他們的身體相聯繫著的我們自己的感覺資料才能夠被我們認識。如果不是我們認識自己心靈的內容，我們是不能想像別人的心靈的；因此我們也便永遠不會達到他們是具有心靈的這一知識。似乎可以很自然地這樣假定：自覺是人之異於禽獸者之一端；我們可以假定，動物雖然認識感覺資料，但是從來也不會察覺到這種認識，因此牠們便永遠也不知道自己的存在。我的意思並不是說牠們**懷疑**自己的存在，而是說牠們從來沒有意識到自己具有感情和感覺，所以也就意識不到這些感覺和感情的主體是存在的。

我們已經說到，認識我們的心靈內容就是**自覺**；但是這當然並不是對於我們**自我**的意識，而是對於特殊的思想和感情的意識。我們是否也可以認識作爲與特殊思想和感情相對立的我們那個赤裸裸的自我呢？這是一個難於回答的問題，正面的談論總不免輕率。當我們試圖反觀自己的時候，似乎我們總要碰到某些特殊的思想或感情，卻碰不到那個具有這些思想或感情的「我」。雖然如此，我們還是有理由認爲我們都認識這個「我」，儘管這種認識很難和其他的東西分別開來。爲了弄明白是什麼理由，讓我們且先考慮一下我們對於特殊思想的認識實際上都包括著什麼。

當我認識到「我看見太陽」的時候，分明是我認識到了兩種相關而又迥然不同的東西。一方面是那對我代表著太陽的感覺資料，而另一方面是那看到了這種感覺資料的那種東西。一切認識，例如我對於那種代表著太陽的感覺資料的認識，顯然似乎是認識著的人和被這個人所認識的客體之間的一種關係。當一樁認識行爲其本身就是我所能認識的一件事件時（例如我認識到我對於那代表著太陽的感覺資料的認識），顯然可見，我所認識的那個人就是我自己。這樣，當我認識到我看見太陽的時候，我所認識的整個事實就是「對感覺資料的自我認識」。

再則，我們也知道「我認識到這個感覺資料」這一眞理。但是，我們如何才能知道這個眞理，或者如何才能了解它的意義，這是難以知道的，除非我們能對於我們所稱之爲「我」的這個東西有所認識。似乎沒有必要假定我們認識一個近乎不變的人，今天和昨天都是同一個樣子，但是對於那個看見太陽並且對於感覺資料有所認識的東西，不論它的性質如何，卻必須有所認識。因此，在某種意義上，看來我們必須認識那個作爲與我們特殊經驗相對立的「自我」。但是這個問題很困難，每一方都能援引出很複雜的論證。因此，就要認識我們自己或然地可以做得到，但是要肯定說它毫無疑問地會做得到，那就不明智了。

因此，我們就可以把所談過的對有關存在的事物的認識總結如下。在感覺中，我們認識外部感覺所提供的資料，在內省中，我們認識所謂內部的感覺——思想、感情、欲望等所提供的資料；在記憶中，我們認識外部感覺或者內部感覺所曾經提供的資料。此外，我們還認識那察覺到事物或者對於事物具有願望的「自我」，這一點雖然並不能肯定，卻是可能的。

我們除了對於特殊存在的事物有所認識之外，對於我們將稱之爲**共相**的，亦即一般性的觀念，像是**白**、**多樣性**、**兄弟關係**等等，也是有所認識的。每一個完全的句子至少必須包括一個代表共相的詞，因爲每一個動詞都有一種共相的意義。關於共相問題，我們將在第九章中再來談它；目前，我們只須避免假定任何我們所能夠認識的都必然是某種特殊的和存在的事物。對於共相的察覺可以叫作**形成概念**。而我們所察覺的共相，便叫作**概念**。

可以看出，在我們所認識的客體中並不包括與感覺資料相對立的物理客體，也不包括別人的心靈。這些東西是憑我所謂「描述的知識」而爲我們所認識的，我們現在所必須加以考慮的就是這種知識。

所謂一個「描述」，我的意思是指「一個某某」或「這一個某某」這種形式的短語。「一個某某」形式的短語，我將稱之爲「不確定的」描述；「這一個某某」（單稱）形式的短語，我稱之爲「確定的」描述。所以，「一個人」就是不確定的描述，而「這個戴鐵面具的人」就是確定的描述了❶。有種種不同的問題都是和不確定的描述相聯繫著的，但是我暫且把它們撇開，因爲它們都不直接和我們現在所討論的問題有關。我們的問題是：在我們知道有一個客體符合一種確定的描述的情況下（雖然我們對於任何這種客體都不認識），我們對於這種客體所具有的知識的性質是怎樣的。這是僅只和確定的描述有關的一個問題。因此，以後凡是我指「確定的描述」的時候，我就只說「描述」。這樣，一種描述就是指任何單稱「這一個某某」的形式的短語。 [29]

當我們知道一個客體就是「這一個某某」，也就是，當我們知道有一個客體（如此這般）具有某一特性的時候，我們便說這個客體是「由描述而被認識的」。而這一般地就蘊涵著一種意思，即我們對於這個客體並沒有由認識而來的知識。我們知道那個戴鐵面具的人存在過，而且也知道有關他的許多命題；但是我們卻不知道他是誰。我們知道獲得大多數選票的候選人會當選，而且在這個事例中，我們也很可能認識事實上將會獲得大多數選票的那個候選人（僅就一個人能夠認識別人這種意義而言）；但是我們並不知道他是候選人中的哪一個，也就是說，我們不知道「甲就是那

❶ The man with the iron mask，「鐵面人」是一樁無頭公案。據說一六九八—一七〇三年巴黎巴士底獄這樣祕密地囚禁了一個人，下落不明。據許多人猜測那是義大利外交家 Hercule Antonio Mattioli（一六四〇—一七〇二）。——譯注

個會獲得大多數選票的候選人」這樣形式的任何命題，在這裡，甲是候選人中的一個名字。雖然我們知道這一位某某存在著，雖然我們也可能認識那事實上就是這位某某的客體，但是我們卻不知道任何「甲就是這位某某」這種命題（甲在這裡是我們所認識的某種事物）；在這種情況下，我們要說，我們對於這位某某所具有的「只是描述的知識」而已。

當我們說「這位某某存在著」的時候，我們的意思是說，恰恰只有一個客體是這位某某。「甲就是這位某某」這個命題的意思是：甲具有某某特性，而其他別人並不具有這種特性。「甲先生是本選區的工會候選人」這意思是說「甲先生是本選區的一個工會候選人，而旁人不是」。「本選區有這位工會候選人」，意思是說「某人是本選區的工會候選人，而別人不是」。這樣，當我們認識一個客體，而它就是這位某某的時候，我們便知道有這麼一位某某；但是，當我們不認識任何一個我們知道它就是某某的客體時，甚至於當我們對於任何事實上就是某某的那個客體也毫不認識時，我們還是可以知道有這麼一位某某。

普通字句，甚至於是專有名詞，其實通常都是一些描述。那就是說，專有名詞運用得正確的人的思想，一般來說，只有當我們以描述代替專有名詞時才能夠正確地表達出來。而且，表示思想所需要的描述是因人而異的，同一個人又因時而異。唯一不變的東西（只要名稱用得正確）就是名稱所適用的客體。但是只要這一點不變，那麼這裡的特殊描述對於有這個名稱出現的那些命題是眞是妄，通常便毫無關係。

讓我們來舉幾個例。假設這裡有一些關於俾斯麥的論斷，假定有直接對自己的認識這回事，俾斯麥本人便可以用他的名字直接指出他所認識的這個特殊的人來。在這種情況中，如果他下一個關於自己的判斷，那麼他本人就是這個判斷的一個組成部分。這裡，這個專有名詞就具有它一直想具有的那種直接用途，即僅僅代表一定的客體，而並不代表對於這個客體的一種描述。但是，倘使一個認識俾斯麥的人做出一個對他的判斷，情況就不同了。這個人所認識的是和俾斯麥的軀體聯繫在一起（我們可以假定聯繫得很正確）的一定的感覺資料。他那作爲物體的軀體，固然僅僅作爲和這些感覺資料有聯繫的軀體而被認識；而他的心則更是如此，它僅僅作爲和這些感覺資料有聯繫的心而被認識。那就是說，它們是憑藉描述而被認識的。當然，一個人的外表特點在他的朋友懷念他時，是會出現在朋友的心裡的，這完全是一件很偶然的事情；因此，實際上出現在朋友心中的描述也是偶然的。最主要的一點就是，他知道儘管對於所談的這個實體並不認識，這種種不同的描述卻都可以適用於這同一個實體。

我們這些不認識俾斯麥的人在做出關於俾斯麥的判斷的時候，我們心中所具有的描述大概不外乎許多模糊的歷史知識，——就大多數情形而論，遠比鑑別俾斯麥所必需的要多得多。但是，爲了舉例說明，且讓我們假定我們想像他是「德意志帝國第一任首相」。這裡，除了「德意志」一詞外，都是抽象的。而「德意志」一詞又對於不同的人具有不同的意義。它使某些人回憶到在德國的旅行，使另一些人想起地圖上的德國形勢等等。但是，如果我們想要獲得一種我們知道是適用的描述，那麼我們就不能不在相當程度上引證我們所認識的某種殊相。這種引證或者牽連到任何有關的過去、現在和未來（與確切的日期相對立的），或者這裡和那裡，或者別人對我們的敘述。這樣，似乎就是：如果我們對於被描述的事物所具有的知識並不僅僅是**邏輯地**從描述推導出來的，那麼一種已知可以適用於某一殊相的描述，就必然會以不同的方式涉及我們所認識的那個殊相。例如，「最長壽的人」是一個只涉及共相的描述，它必然適用於某個人，但是關於這個人我們卻不能做出判斷，因爲有關他的判斷所涉及的知識已經超乎這個描述的範圍了。然而如果我們說，「德意志帝國第一任首相是一個狡詐的外交家」，那麼我們就只能憑我們所知道的一些事情，——通常是聽來或讀來的證據，——來保證我們判斷的眞確性。撇開我們傳達給別人的見聞不論，撇開有關實際的俾斯麥的事實不論（這些對於我們的判斷都是重要的），其實我們所具有的思維只包括一個或一個以上有關的殊相，此外所包括的就全是些概念了。

空間的名稱——倫敦、英格蘭、歐洲、地球、太陽系——被使用時，同樣也都涉及到從我們所認識的某個殊相或某些個殊相出發的一些描述。就形而上學方面來考慮，我猜想就連「宇宙」也要涉及與殊相的這樣一種聯繫。邏輯便恰恰相反了；在邏輯中，我們不只研究那確實存在的，而且也研究任何可以存在的，或可能存在的，或將要存在的，但是並不涉及實際的殊相。

看來，當我們對某種只憑描述而認知的事物下論斷時，我們往往有意使我們的論斷不採取涉及描述的形式，而只論斷所描述的實際事物；那就是說，當我們說到任何有關俾斯麥的事情時，只要我們能夠，我們總是願意做出唯有對俾斯麥本人才能做出的那種判斷，也就是說，願意做出他本人成為其一個組成部分的那種判斷。但在這一點上，我們必定要遭到失敗的，因為俾斯麥其人並不是我們所認知的。雖然如此，我們卻知道有一個客體乙叫作俾斯麥，知道乙是個狡詐的外交家。這樣，我們便能夠描述我們所願意肯定的命題：「乙是一個狡詐的外交家」；這裡，乙就是叫作俾斯麥的那個客體。如果我們現在把俾斯麥描述為「德意志帝國第一任首相」，那麼我們所願意肯定的命題就可以被描述為：「論到德意志第一任首相這個實際的客體，本命題斷言：這個客體原是一個狡詐的外交家」。儘管我們所用的描述各有不同，但是使我們的思想能夠彼此相通的，就是我們都知道有一個關於實際俾斯麥的眞確命題，又知道不論我們怎樣改變這個描述（只要描述是正確的），所描述的命題仍舊是一樣的。這個被描述而又已知其為眞的命題，才是我們感興趣的。我們知道它是眞的，但是我們卻不認識這個命題本身，對它也毫無所知。

可以看到，脫離殊相的認識可以有各種不同的層次。例如：對認識俾斯麥的人的俾斯麥、僅僅透過歷史知識而認識俾斯麥的人的俾斯麥、這個戴鐵面具的人、最長壽的人等等。這些是愈來愈遠而逐漸脫離對殊相的認識的。就其對於另一個人來說，第一種是最接近於認知的知識；在第二種，仍然可以說我們知道「誰曾是俾斯麥」；在第三種中，我們不知道戴鐵面具的人是誰，雖然我們能夠知道不是從他戴著鐵面具這件事實而邏輯地推論出來的關於他的許多命題；最後在第四種中，除了從人的定義邏輯地推論出來的以外，我們便一無所知了。在共相的領域裡也有一種類似的層次。許多共相就像許多殊相一樣，都是憑著描述才能為我們知道。但是這裡，正像在殊相的事例中一樣，憑藉描述而知道的知識最後可以轉化為憑藉認識而知道的知識。

對包含著描述的命題進行分析，其基本原則是：**我們所能了解的每一個命題都必須完全由我們所認識的成分組成**。

在目前這個階段，我們不想答覆對這個基本原則可能提出的各種反對意見。目前，我們僅僅指出：總會有某種方式來反駁這些反對意見的。因為不能設想我們做出一種判斷或者一種推測，而又不知道自己所判斷的或所推測的是什麼。我們要把話說得有意義而不是胡說八道，就必須把**某種**意義賦予我們所用的詞語；而我們對於所用的詞語所賦予的意義，必然是我們有所認識的某種事物。因此，例如我們對朱利烏斯·凱撒下論斷時，顯而易見，凱撒本人並不在我們心靈之前，因為我們並不認識他。但是在我們心靈裡卻有一些關於凱撒的**描述**：「三月十五日遭暗殺的人」，「羅馬帝國的奠立者」，或者僅僅是「有人名叫朱利烏斯·**凱撒**」而已。（在最後這句描

[32]

述中，朱利烏斯．凱撒乃是我們所認識的一種聲音或形狀。）因此，我們的論斷便不完全意味著它所似乎要意味的，而是意味著某些有關的描述，不是與凱撒本人有關的，而是某種完全由我們所認識的殊相和共相所組成的有關凱撒的描述。

描述的知識的根本重要性是，它能夠使我們超越個人經驗的侷限。我們只知道完全根據我們在認識中所經驗的詞語而組成的眞理，儘管事實如此，我們還是可以憑著描述對於所從未經驗過的事物具有知識。鑒於我們的直接經驗範圍極爲狹隘，這個結果就非常之重要了；除非能了解這一點，否則我們大部分的知識便不免是神祕的，乃至於是可疑的。

第六章　論歸納法

在幾乎所有我們以上的討論裡，我們一直想透過對於存在的知識來弄清楚什麼是我們的資料。宇宙中究竟有什麼東西是由於我們認識了它們，才知道它們存在的呢？至今我們的答案一直是：我們認識我們的感覺資料，也許還認識我們自己。我們知道這些都存在，記憶中的過去的感覺資料，我們也知道它們在過去曾經存在過；這種知識給我們提供了資料。

但是，倘使我們要想能夠從這些資料做出推論來，——倘使我們要知道物質的存在、別人的存在，要知道遠在我們個人記憶開始以前的過去的存在或者未來的存在，那麼我們就必須知道可供我們做出上述推論的某種普遍原則。我們必須知道某一類東西甲的存在是另一類東西乙存在的標誌，乙或者與甲同時，或者稍早於或稍晚於甲，比如說，雷聲就是閃電已先存在的標誌。如果這一點我們竟不知道，我們便永遠不能把我們的知識擴充到我們個人經驗的範圍之外了；而我們已經看到，個人經驗的範圍是極為有限的。我們現在要考慮的問題就是，這樣擴充知識是否可能？如果可能，怎樣去實現？

讓我們舉一樁誰都不懷疑的事為例。我們大家都相信太陽明天還會出來。為什麼呢？這種信念僅只是過去經驗的盲目產物呢，還是一個可以驗證的合理的信念呢？要找到一種標準來判斷這樣的一種信念究竟是否合理，並不是容易的事。但是，最低限度我們能夠肯定，有哪類普遍信仰（只要它是真確的）足以證明太陽明天還會出來這個判斷是合理的，以及我們的行為所依據的許多其他類似的判斷是合理的。

顯然，倘使有人問為什麼我們相信太陽明天還會出來，我們自然會回答「因為它總是天天出來的」。我們堅信它以後還會出來，是因為它過去總是出來。如果有人追問我們，為什麼我們相信它今後仍會照樣出來，那我們就要訴諸運動定律了：我們要說，地球是一個自轉的物體，這樣的物體只要不受外力干涉是會永不停止地轉動的，而今天和明天之間並沒有外力干涉地球。當然，可以懷疑我們怎麼能那麼肯定沒有外力干涉，但是這種疑問並不是我們所感興趣的。我們所感興趣的疑問是：運動定律會不會到明天也依然有效。倘使有人提出了這個疑問，那麼我們便和當初有人對於日出提出疑問時所處的地位相同了。

我們之所以相信運動定律將繼續有效，其**唯一**的理由就是：就過去的知識使我們能做出的判斷而論，這些規律一直是有效的。不錯，根據過去所得的大量證據，其中可以支持運動定律的要比支持日出的為多，這是因為日出僅僅是運動定律在起作用的一個特殊事例，而像這種事例是不計其數的。但真正的問題是：一條定律在過去起過作用的例子很多，這就足以證明它未來也會起作用嗎？如若不然，那便顯然可見，我們沒有任何根據可以預料太陽明天還要出來，預料下一頓吃麵包時不會中毒，我們可以做出任何其他控制我們日常生活而我們又不大意識到的預料。應當注意，所有這些預料都僅只是**或然的**；這樣，我們便無須再去找一個證據來證明這些預料**必然**會實現，而只須尋找一個理由支持那個**可能**使它們得以實現的見解。

處理這個問題時，我們必須先做出一個重要的區別，不這樣做，我們很快地就會陷入絕望的混亂裡。經驗已經向我們指明：到目前爲止，某種同一的序列和並存往往重複出現，這便是我們預期下次會有同樣的序列或並存的一個**原因**了。一般說，什麼樣子的食品就有什麼味道，當我們發現所熟悉的樣子和一種異常的味道結合在一起時，我們的預言就受到了一次最嚴重的震盪。由於習慣，我們看見的東西逐漸變得和我們的某種觸覺聯繫在一起，我們去摸它們時就預期到有這種感覺；鬼魅之所以可怕的一個原因（在許多鬼怪故事裡）就是它不能給我們任何摸觸的感覺。沒受過教育的人第一次出國時發現他們的土語沒有人聽得懂，便驚奇得不敢置信。

這種聯繫能力不僅限於人；動物也極強。要是一匹馬經常走某條路，你想叫牠走另一個方向，牠就會抵抗。家畜看見了經常餵牠們的人時，就期待著飼料。我們知道，所有這些對同一性的淺薄的預料都可能引致錯誤。每天餵小雞餵了牠一輩子的那個人，臨了卻可以絞斷這隻小雞的脖子，這就說明：如果對自然的同一性能具有更精密的見解，對於小雞就更有利。

儘管這種預料會錯誤，它們還是存在著。某一件事物已發生過若干次，只憑這一點就使得動物和人預料它還會發生。這樣，我們的本能當然使我們相信太陽明天還會出來，但是我們所處的地位並不比脖子出乎預料被絞斷的小雞更好些。因此，過去的同一性形成了對於未來的預料，這是一回事，預料的有效性問題提出之後，究竟還有沒有什麼合理的根據使這些預料可以有分量，這是另一個問題；我們必須區別這二者。

我們這裡必須討論的問題是，有沒有理由可以相信所謂「自然界的同一性」。相信自然界的同一性就是相信每一樁已經發生過的或者將要發生的事物都是某種普遍規律的一個事例，普遍規律是不容許有例外的。我們考慮過的淺薄的預料都是可以有例外的，因此，會使那些抱有這種預料的人大失所望。但是，科學在習慣上認爲——至少是作爲一種實用的假說——凡有例外的普遍規律，都可以被那些沒有例外的普遍規律所代替。「物體在空中沒有受到支持就會墜落」，氣球和飛機對於這條普遍規律就是例外。但是，運動定律和引力定律非但可以說明大部分物體墜落的事實，同時也說明氣球和飛機能夠上升的事實；這樣，運動定律和引力定律就並沒有使它們成爲例外。

倘使地球忽然和一個龐大的物體相碰撞而後者破壞了它的自轉，太陽明天還會出來這個信念就可以成爲虛妄；但是運動定律和引力定律卻不會被這樣一樁事變所違反。科學的任務就是要找出像運動定律和引力定律這種的同一性來，這種定律就我們的經驗所知而言，還沒有例外。科學在這方面的研究是異常之成功的，這種同一性迄今一直可以認爲是有效的。這就使我們又回到這個問題上來：既然認爲它們過去一直是有效的，那麼是否我們有任何理由可以假定它們未來也永遠有效呢？

我們已經論證過，我們之所以有理由知道未來會和過去相似，是因爲以前曾經是未來的，都已經不斷地成爲了過去，並且我們發現它們總是和過去相似的，所以我們事實上有著關於未來的經驗，也就是有著關於在以往曾經是未來的那段時間的經驗，這種未來我們可稱之爲過去的未來。但是這樣一種論證其實是以未決的問題作爲論據的。我們對於過去的未來雖具有經驗，但是對於未來的未來卻並沒有經驗，而問題是：未來的未來是否和過去的未來相似呢？這個問題並非是單憑過去的未來可以解答的。因此，我們還得尋找某種原則，使我們知道未來是和過去一樣地在遵守著同樣的規律。

在這個問題中，推論未來倒不是最根本的事。當我們把經驗中有效的定律應用到我們所沒有經驗過的已往的事物上去的時候，——例如應用到地質學上或者應用到關於太陽系起源的理論上去時，——就會出現這個問題。其實，我們所必須問的問題乃是：「如果發現兩件事物常常是聯在一起的，又知道從來沒有過只出現其一而不出現另一的例子，那麼在一次新的例子中，如果其一出現了，是不是就使我們有很好的根據可以預料會出現另一件呢？」我們對於未來的全部預料的可靠性，我們由歸納法而獲得的全部結果，事實上也就是我們日常生活所依據的全部信仰，都須取決於我們對於這個問題的答案。

首先，必須承認：我們發現兩件事物常常在一起並且從不分開，這一事實本身並不足以逕直證明在我們所要考察的下一個例子裡它們也會在一起。至多我們只能希望：某些事物被發現在一起的次數愈多，那麼下次發現它們在一起的或然性便愈大。如果發現它們在一起的次數已經足夠多，那麼或然性也就**差不多**等於必然性。它永遠不能完全達到必然，因爲我們已經知道，儘管有著頻繁的重複出現，但是有時候到臨了卻像被絞斷脖子的小雞那樣又是一次失敗。因此，或然性才是我們所應當追求的全部問題。

也許有人反對我們所提出的這種見解而堅持說：我們知道一切自然現象都要服從定律的支配；並且有時候根據觀察我們可以看出，只可能有一條定律適合我們例子中的那些事實。現在對於這種見解可以有兩種答案。第一個答案是，即使有**某種**沒有例外的定律可以適用於我們的例子，但是在實踐上我們還是永遠不能肯定說我們已經發現這條定律了，而且也不能肯定說它就是一條絕無例外的定律。第二個答案是，定律的支配力本身便似乎僅僅是或然的；而我們相信它在未來或者在我們未曾研究的過去例子中也是有效的，——這種信念的本身就是以我們現在正在探討的這條原則爲根據的。

現在我們所探討的這個原則，可以叫作**歸納法原則**，它的兩個部分可以表述如下：

（甲）如果發現某一事物甲和另一事物乙是相聯繫在一起的，而且從未發現它們分開過，那麼甲和乙相聯繫的事例次數愈多，則在新事例中（已知其中有一項存在時）它們相聯繫的或然性也便愈大。

（乙）在同樣情況下，相聯繫的事例其數目如果足夠多，便會使一項新聯繫的或然性幾乎接近於必然性，而且會使它無止境地接近於必然性。

如上所述，這個原則只能夠用於證驗我們對個別新事例的預料。倘若已知甲種事物和乙種事物相聯繫的次數足夠多，又知道它們沒有不相聯繫的事例，那麼甲種事物和乙種事物便永遠是相聯繫的，——我們也願意知道能有一種或然性是支持這個普遍規律的。普遍規律的或然性顯然要小於特殊事例的或然性，因爲假使普遍規律是眞的；特殊事例也就必然是眞的；但同時，普遍規律不眞，特殊事例卻仍可以是眞的。然而普遍規律的或然性正如特殊事例的或然性一樣，是可以由事例的重複發生而加大的。因此，我們可以把有關普遍規律的原則中的兩個部分複述如下：

（甲）如果發現甲種事物和乙種事物相聯的事例次數愈多，則甲和乙永遠相聯的或然性也就愈大（假如不知道有不相聯的事例的話）。

（乙）在同樣情況下，甲和乙相聯的事例次數足夠多時，便幾乎可以確定甲和乙是永遠相聯的，並且可以使得這個普遍規律將無限地接近於必然。

應當注意：或然性永遠是相對於一定的資料而言的。在我們的例子中，資料便只是甲和乙並存的那些已知事例。或許還有一些別的資料也是可以考慮在內的，因爲它們可能大大地改變或然性。例如，有人看見過許多白天鵝，他便可以根據我們的原則論證說：根據已有的資料，或許所有的天鵝都是白的。這可以算是理由完全充分的一個論證了。有些天鵝是黑色的這件事實並不能反駁這個論證，因爲儘管事實上有些資料會使一件事物成其爲或然，但是它還是可以照樣發生的。以天鵝這個事例而論，人們可能知道，許多種動物的顏色都有變化多端的特點；因此，對於顏色所做的歸納便特別容易發生錯誤。但是，這種知識可以算作一種新資料，而絕不是證明我們把過去資料的或然性估計錯誤了。因此，雖然事物往往不能滿足我們的預料，但是這一事實並不就證明我們的預料在某一事例中或者某一組事例中，或許不能應驗。這樣，無論如何，歸納法原則便不能夠僅憑經驗來反對。

然而，歸納法原則也同樣是不能憑經驗證明的。經驗可以就上面所探討過的事例證實歸納法原則，這是可以想像的；至於未經探討的事例，就只有歸納法原則才能證明從已知到未知所做的那些推論是否合理了。所有基於經驗的論證，不論是論證未來的，或者論證過去尚未經驗的那部分的，或者論證現在的，都必須以歸納法原則爲前提；因此，我們若用經驗來證明歸納法原則，便不能不是以未決的問題爲論據了。因此，我們就必須：或則根據歸納法原則的內在證據來接受歸納法的原則，或則就放棄我們對於未來的預料所做的一切辯解。但是，歸納法原則倘使眞是不健全的，我們便沒有理由可以預期太陽明天還會出來，或者預料麵包比石頭更有營養，或者可以預料我們從屋頂跳下來就會摔到地上。當我們看見好像我們最好的朋友正向我們走過來的時候，我們也就將沒有理由認爲他的身體之內並不懷有我們死敵的心，或者不是一個完全陌生者的心。我們的一切行爲都是以過去確實有效的那些聯想作爲基礎的，因此我們才認爲它們很可能在未來還有效；這種可能性就是靠了歸納法原則才有效的。

科學上的普遍原則，例如對於定律的支配力的信仰、對於每件事必有原因的信仰，都和日常生活中的信仰一樣，是完全依靠著歸納法原則的。所有這些普遍原則之爲人所相信，是因爲人類已經發現了有關它們的眞實性的無數事例，而沒有發現過它們虛妄性的例子。但是，除非我們先承認歸納法原則作爲前提，否則這也還是不能提供證據說明它們在未來也會是眞實的。

這樣，凡是根據經驗而告訴我們有關未曾經驗過的某種事物的知識，就都是基於一種既非經驗所能肯定的、又非經驗所能否定的信念；但是這種信念，至少在其較具體的應用方面，正和經驗中的許多事實一樣，似乎在我們的心裡是根深蒂固的。這類信念的存在及其證明，——我們將可以看到，歸納法並不是唯一的例子，——已經在哲學上引起了一些最困難和爭論最多的問題。在下一章裡，我們就要簡單地考慮怎樣來說明這類知識，它的範圍是什麼，以及它的準確性的程度如何。

第七章　論我們關於普遍原則的知識

在前一章裡我們已經明瞭，歸納法原則對於凡以經驗爲根據的論證的有效性都是必要的，而歸納法原則本身卻不是經驗所能證明的；可是大家居然毫不遲疑地信仰它，最低限度，在實際應用到各方面時是如此。有這些特點的不僅只是歸納法原則。還有許多別的原則，經驗既不能證明又不能反對，然而在那些從被經驗到的事物出發所做的論證中，的確是在運用這些原則的。

這些原則有的甚至於比歸納法原則還要明確，我們對它們的知識，其確切程度與我們對感覺資料存在的知識是同等的。它們構成爲我們可以根據感覺之所得而進行推論的一種方法；如果我們所推論出來的是眞確的，那麼我們的推論原則就必定和我們得到的資料一樣也是眞確的。這些推論原則是太顯然了，很容易被人忽略過去，以致我們往往同意其中所包含的假定而未能領悟到它只是一個假定。如果要獲得一種正確的知識論，那麼要認識推論原則的應用便是非常重要的。因爲我們對於這些原則的知識，已經提出了許多有趣的和困難的問題。

我們關於普遍原則的全部知識的實際情形是：首先，我們認識到這一原則的某種特殊應用，然後我們又認識到這個特殊性是無所謂的，於是就有一種到處都可以眞確地被我們所肯定的普遍性。在教算術這類事情上就很容易認識到這一點：「二加二等於四」首先是從某個特殊的兩對成雙的例子中體會出來的，以後又有另一個例子，如此繼續下去，直到最後能了解到任何兩對成雙的都確乎是如此。邏輯原則的情形也同樣。假設兩個人在討論今天是幾號。一個說，「至少你要承認：如果昨天是十五號，今天就必定是十六號。」另一個說：「對，我承認這一點。」第一個繼續說：「你知道昨天是十五號，因爲你和瓊斯一道吃過飯，你的日記寫著那是十五號的事。」第二個說：「是的，所以今天就是十六號了。」

這樣的論證並不難理解；倘使承認它的前提中的事實是眞的，便沒有人會否認結論也必然是眞的。但是，它的眞理卻有賴於一個普遍的邏輯原則的範例。這個邏輯原則如下：「假定已知：如果這是眞的，則那也是眞的。又假定已知這是眞的，那麼，結果便是那也是眞的。」在如果這是眞的則那也是眞的這種情形中，我們便說，這就「蘊涵著」那，而那是「隨著」這的。因此，我們的原則就是：如果這蘊涵著那，而這是眞的，則那也是眞的。換句話說，「一個眞命題所蘊涵的任何東西都是眞的」或者「一切隨著眞命題而來的都是眞的」。

這個原則實際上涉及所有的證明，至少就它的具體事例而言是如此。只要是用我們所相信的一件事物來證明另一件隨後也爲我們所相信的事物，這個原則就適用。如果有人問：「爲什麼我應該接受根據眞前提而得出的有效論證的結果呢？」我們就只有訴諸我們的原則才能做出回答。事實上這個原則的眞理性是不可能加以懷疑的。它是那樣地昭然若揭，以至於乍看起來不值得一提。然而，這些原則對於哲學家可並不是不值得一提的，因爲它們說明了我們可以得到從感官的客體所無法得出的不容置疑

[40]

的知識。

上述的原則只不過是若干自明的邏輯原則之一，這些原則之中至少有一些是在可能有任何論證或者證明之前，就應該加以承認的。當其中某些原則被承認之後，另一些原則也便得到了證明，雖然這些另外的原則只要是很簡單，就也會像那些被公認爲理所當然的原則一樣地昭然若揭。傳統上——雖然並沒有很好的理由——曾提出過其中三條原則名之爲「思維律」。

這三條原則如下：

(1)**同一律**：「是就是是。」

(2)**矛盾律**：「任何東西不能既是又不是。」

(3)**排中律**：「任何東西必須或者是或者不是。」

這三條定律都是邏輯上自明原則的範例，其實比起其他類似的原則來，例如我們剛才所考慮的原則，——一切由眞前提而得出來的都是眞的，——它們並不見得就是更根本的或者是更加自明的。「思維律」這個名稱也容易使人誤解，因爲最重要的事並非是我們按照這三條定律去思維，而是事物是按照它們在進行的；換句話說，重要的事實是我們如果依照思維律去思維，就會想得**眞確**了。但這卻是一個大問題，以後我們還要再談到它。

除了這些邏輯原則可以使我們從特定的前提證明某種事物**必然**眞確而外，還有

[41]

一些別的邏輯原則能使我們從特定的前提證明某事物之爲眞，具有著或大或小的或然性。這類原則的一個範例，——也許是最重要的一個範例，——就是我們在上章中研究過的歸納法原則。

哲學史上的大爭論之一，就是所謂「經驗主義者」與「理性主義者」兩派之間的爭論。經驗主義者（英國哲學家洛克、貝克萊和休謨最足以代表）認爲我們的一切知識都是從經驗得來的；理性主義者（以十七世紀大陸哲學家，尤其是笛卡兒和萊布尼茲爲代表）認爲除了我們憑經驗所知道的以外，還有某些我們不是憑經驗而知道的「內在觀念」和「內在原則」。我們相信現在已經可能判斷這兩個敵對學派誰眞誰假。如上所述，我們必須承認我們認識邏輯原則，而且邏輯原則本身並不能憑經驗得到證明，因爲一切證明都預先要假定這些邏輯原則。因此，在這個爭論中最重要的一點上，理性主義者是正確的。

另一方面，連我們那部分在**邏輯上**不依賴於經驗的知識（就經驗不能予以證明而言），也還是由經驗中抽繹出來、由經驗所造成的。正是由於在特殊經驗的場合，我們才能察覺到由它們的關係所體現的普遍規律。說嬰兒生下來便具有成人所知道的並且不能從經驗中推論出來的對於種種事物的知識，而且在這種意義上假定有內在原則，那必然是荒謬可笑的。因爲這個理由，現在我們便不用「內在的」這個詞來描述我們對於邏輯原則的知識。「先驗的」一語則較少受到反對而普遍地被近代著作家們所使用。所以，我們不但承認一切知識都是由經驗中得出來的、被經驗所形成的，同時還應該承認有些知識是**先驗**的，那意思是說，要我們去考慮它的那種經驗並不足以證明它，而僅僅是使我們注意到我們可以無須任何經驗上的證明就能明瞭它的眞理。

還有一個重要之點，在這一點上經驗主義者之反對理性主義者也是正確的。除了依靠經驗的幫助而外，我們無法知道有什麼東西是**存在**的。這也就是說，倘使我們想要證明有我們所未曾直接經驗過的某種事物是存在的，那麼在我們的前提之中就必須有一件或一件以上的事物，其存在是我們曾直接經驗過的。例如，我們相信中國皇帝存在，這個信念是以見證爲基礎的，但分析到最後，見證只不過包括我們所看到的，或者是我們閱讀時或別人告訴我們時，我們所得到的一些感覺資料而已。理性主義者相信，從對於**必然如此**這方面的普遍考察裡，就能夠演繹出實際世界中的這種或那種存在。他們的這種信仰似乎是錯誤的。我們所能**先驗**地獲得的關於存在的一切知識似乎都只是假設的：它告訴我們，**如果**一件事物存在，則另一件事物便必然存在，或者更一般地說，**如果**一個命題是眞的，則另一個便必然是眞的。我們所已經討論過的下列原則已經指證出這一點：例如「**如果**這是眞的，而這又蘊涵著那，則那也便是眞的。」或者「**如果**這和那屢屢不斷被發現是聯繫在一起的，在下一次例子裡發現其中之一時，它們大概也會是聯繫在一起的。」因此，先驗原則的範圍和權限乃是嚴格有限的。一切有關某事物是存在著的知識，都必然要部分地有賴於經驗。任何事物只要是直接被我們所認知，它的存在就是單憑經驗而被認知的；任何事物只要不是直接被認知而能被證明其存在，那麼在證明中就必然既需要有經驗又需要有**先驗**的原則。全部或部分以經驗爲基礎的知識，就叫作**經驗**的知識。因此，一切肯定存在的知識就都是經驗的，而關於存在的唯一**先驗**的知識就是假設的，它可以告訴我們存在的事物之間的，或可能存在的事物之間的種種聯繫，但是並不能告訴我們實際上的存在。

先驗的知識並不全屬於我們迄今爲止所考慮的邏輯的那一類。在非邏輯的**先驗**知識中，最重要的例子也許要算是有關倫理價值的知識了。現在我所談的判斷並不是什麼是有用的，或者什麼是善良的等等，因爲這類判斷確乎都需要有經驗方面的前提；我現在所談的判斷是事物內在的可取性的問題。如果某種東西是有用的，那麼它之所以有用，必然是因爲它可以達到一種目的。如果我們不斷地推究下去，那麼目的就必定是以其自身的緣故而有價值的，絕不單單是因爲某種其他的目的而有用的。因此，我們對於什麼是有用的這個問題所下的一切判斷，就取決於我們對於什麼是以其自身的緣故而有價值的這個問題所下的判斷。

比如說，我們斷定幸福比悲慘更可取，知識比愚昧更可取，善意比仇恨更可取，等等。這樣的判斷，至少有一部分是直接的並且是**先驗**的。它們和我們以往所談的**先驗**的判斷一樣，是可以從**經驗**之中得出來的，而且它們也確乎必須是如此；因爲一件事物是否有內在的價值，我們是不可能加以判斷的，除非我們已經經驗過了同樣的事物。但是，十分明顯，它們是不能被經驗所**證明**的；因爲一件事物存在或者不存在，並不能證明它是好的，應該存在，或者它是壞的，不應該存在。探索這個問題是屬於倫理學的範圍，倫理學必須確認從「實然」演繹出來「當然」的不可能性。就目前而論，最重要的是應當認識：一切關於什麼是具有內在價值的知識都是**先驗**的，其意義正如邏輯之爲**先驗**的一樣，也就是，這類知識的眞理既不能被經驗所證明，也不能被經驗所反駁。

一切純粹的數學都像邏輯一樣是**先驗的**。經驗主義哲學家曾竭力否認這一點，他們堅持經驗乃是我們算術知識的來源，正像經驗是我們地理知識的來源一樣。他們認爲，由於反覆經驗到兩件事物加上另兩件事物，並發現它們總是四件事物，所以我們便由於歸納法而結論說：兩件事物加上另兩件事物**永遠**是四件事物。然而，倘使這就是我們的二加二等於四這個知識的來源，那麼我們就應該採用別種方法來使我們自己信服它的眞理，而不用我們實際上所採取的方法了。事實上，必須要有相當數量的事例才能使我們抽象地去思想二，而不是想兩塊錢、兩本書、兩個人或者任何其他兩個特定的品種。但是一旦我們能夠使自己的思想從那些不相干的特殊性裡擺脫出來，我們就會**看出**二加二等於四這個普遍的原則；我們可以看出任何一次事例都是**典型**的，因而研究別的事例就是不必要的了❶。

同樣情形在幾何學中也得到了證明。如果我們想要證明**所有的**三角形的某種性質，我們就畫出某一個三角形而加以推論；但是，我們可以避免利用任何不屬於它與其他一切三角形所共有的性質，這樣，從特殊的例子裡我們就可以獲得一個普遍的結果。事實上，我們並不覺得我們對於二加二等於四的把握，會因爲有新的事例而增加，原因是，我們一旦看出了這個命題的眞理性，我們的信心就已經大得不能再大了。再有，我們感到二加二等於四這個命題的**必然性**有著某種性質，但是這種性質哪怕是在最確鑿的經驗的概括裡也是不會出現的。經驗的概括永遠停留於純粹的事實之上：雖然它們在實際的世界裡是眞實的，但是我們覺得還是可以另有一個世界，它們會在那裡成爲虛妄的。反之，我們覺得，在任何可能有的世界裡，二加二總會等於四。所以它便不只是一件純粹的事實，而且成爲了一種必然，一切實際的和可能的事物都必須遵從這種必然。

如果我們考慮一種眞正的經驗概括，例如「人總是要死的」這個問題，就可以格外明白了。顯然，我們都是相信這個命題的；首先，因爲已知的事例裡還沒有人活過了一個一定的年齡；其次，人體的有機組織遲早必然要衰亡，這種想法似乎有著生理

[44]

❶ 參看A・N・懷德海：《數學導論》。——原注

上的根據。如果忽視了第二種根據，而只考慮我們的關於人不免於一死的經驗，那我們顯然是不會感到滿足的。但是在「二加二等於四」這種情況中就不然了，只要仔細加以考慮過後，那麼僅只一次事例就足以使我們相信，在任何其他事例中也必然會發生同樣的情況。所有的人都不免一死，這個問題我們經過一番思索之後也可能不得不承認，其中還是可以有某些可疑之點的，不管這種可疑之點是多麼微小。只要我們設想一下：有兩個不同的世界，一個世界裡的人是不死的，另一個世界裡則二加二等於五；上述之點便可以得到說明了。當斯威夫特❷引導我們去想像長生不死的司楚柏克族的時候，我們可以姑妄聽之。但是，一個二加二等於五的世界，在我們看來卻完全是另一個層次了。我們覺得，如果有這樣一個世界的話，那就會顛倒我們整個知識結構，弄得我們澈底懷疑起來。

事實上，以「二加二等於四」這樣簡單的算術判斷以及邏輯方面的許多判斷而論，都是我們可以不根據事例來進行推論便能夠認識的普遍命題，雖然爲了明確普遍命題的意義起見，通常說來，某種事例對我們是必不可少的。爲此，從普遍推論到普遍的，或者從普遍推論到特殊的演繹過程，正像從特殊推論到特殊的，或者從特殊

❷ 斯威夫特（J. Swift, 1667-1745），英國小說家。在他著名小說《格列佛遊記》的第三部分講到有叫作 Struldbugs 這麼一個長生不死的種族。——譯注

推論到普遍的*歸納*過程一樣，有它實際的效用。是否演繹法可以提供給我們*新*的知識呢？在哲學家們中間，這是一個爭訟不休的老題目了。現在我們可以看出，至少以某種情形而論，它確乎給人們提供了新的知識。如果我們已經知道二加二永遠等於四，又知道布朗和瓊斯是兩個人，羅賓森和史密斯也是兩個人，我們就可以把布朗、瓊斯、羅賓森和史密斯加以演繹，說他們一共是四個人。這是新知識，不包括在我們的前提之內，因為「二加二等於四」這個普遍命題，永遠不會告訴我們有布朗、瓊斯、羅賓森和史密斯這些人，而且我們的特殊前提也沒有告訴我們它們一共是四個人，但是所演繹出來的這個特稱命題卻把這兩件事都一起告訴我們了。

但是，倘使我們舉出邏輯書中所常舉的一個現成的演繹例子，譬如說，「凡人皆有死；蘇格拉底是人，所以他是會死的」，那麼，這種知識是否新，就很不確定了。以這個事例而論，其實我們毫不懷疑地知道：甲、乙、丙幾個人本來都是不免一死的，因為事實上，他們都已經死了。倘使蘇格拉底是其中一個，那麼迂回透過「凡人皆有死」而得出蘇格拉底大概（*或然*）也是會死的這個結論來，就太愚蠢了。如果蘇格拉底不屬於我們的歸納法所根據的這幾個人之一，那麼，從甲、乙、丙來直接論證到蘇格拉底，總比迂回透過「凡人皆有死」這個命題要好得多。因為根據我們的資料，蘇格拉底會死的或然性，比凡人皆有死要大些。（這是顯而易見的，因為要是凡人皆有死，蘇格拉底也是會死的；但是，倘使蘇格拉底是會死的，其結果並不一定就

[45]

是所有的人都不免一死）。因此，倘使我們不採取先透過「凡人皆有死」再用演繹的辦法，而只進行純粹歸納性的論證，那麼我們就會更加確切地得出蘇格拉底會死的結論。

這就說明了我們公認爲**先驗**的普遍命題（如「二加二等於四」）和經驗的概括（如「凡人皆有死」）這兩者之間的區別。演繹法對於前者是論證的正確方式；而在理論上，歸納法對於後者永遠是更爲可取的，而且它保證了我們結論的眞理更爲可信，因爲一切的經驗概括都不如它們的事例那樣確切可信。

我們現在已經明瞭，是有所謂**先驗**的命題的，其中有一些是倫理上的基本命題，也有些是邏輯命題和純數學命題。下一個必須研究的問題就是：如何可能有上述這類的知識呢？尤其是，我們還沒有研究過所有的事例，又因爲它們的數目是無限的；不用說，永遠也不可能一一加以研究。在這樣情況下，怎麼可能有對於普遍命題的知識呢？這些問題都是極其困難的，但在歷史上卻又是極其重要的，德國哲學家康德（一七二四—一八〇四）首先突出地提出了它們。

第八章　先驗的知識如何可能

康德是大家公認的近代最偉大的哲學家。他經歷了七年戰爭❶和法國大革命，但是他在東普魯士哥尼斯堡講授哲學的事業卻一直沒有間斷過。他最出色的貢獻就是創造了他所自稱爲「批判的」哲學，這種哲學首先肯定這樣一個事實，就是有各種各樣的知識，然後探討各類知識如何成爲可能的問題。此外，又根據探討所得的答案，演繹出許多有關宇宙性質的形而上學的結論。這些結論是否全部有效當然可以懷疑。但是肯定地說，康德在兩件事情上是有功的：第一，他看到了我們具有一種不是純粹地「分析的」先驗知識，也就是說，一種不是凡相反的命題都是自相矛盾的命題的知識；第二，他使得知識論在哲學上的重要性灼然無疑。

康德以前，一般人都抱有這樣的見解：任何知識只要是先驗的，就必然是「分析的」。「分析的」這個詞的意義，我們可以舉例很好地加以說明。如果我說，「一個禿頭的人是人」，「一張平面圖是圖」，「一個蹩腳詩人是詩人」，我做的就是一個純分析的判斷了。這裡，對於所說的主語至少賦予了兩種性質，其一用來斷言主語。上述這類命題都是非常瑣碎無謂的，除非雄辯家準備做一篇詭辯，否則實際生活裡根本就不提它們。這些命題是「分析的」，因爲謂語是僅只由分析主語而得出的。康德以前，一般人認爲：一切判斷，只要我們肯定是先驗的，就都屬於這一類；一切這

---

❶ 一七五六—一七六三年普魯士和奧地利之間的戰爭，以普魯士勝利告終。——譯注

類判斷的謂語都不過是它所斷言的那個主語的一部分。果眞如此的話，我們想要否定任何可以認爲是先驗的事物的時候，就要陷入斷然的矛盾了。「一個禿頭的人是不禿的」這個命題斷言一個人頭禿而又加以否認，因此它本身就矛盾。這樣，根據康德以前哲學家們的看法來說，矛盾律——它斷言沒有一件事物能同時既具有而又不具有某種性質——就足以建立起所有先驗的知識的眞理了。

休謨（一七一一—一七七六）比康德早，關於是什麼使得知識成爲先驗的這個問題，他接受了普遍的見解；同時他又發現：有許多事例，以往曾認爲是分析的，而那關係其實卻是綜合的，因果關係的事例尤爲顯著。休謨以前，至少理性主義者曾認爲，只要我們有足夠的知識，就能用邏輯方法從原因之中演繹出結果來；休謨論證說這是辦不到的事，——現在一般都承認他論證得很正確。根據這一點，他把這個大可懷疑的命題加以推論說：關於因果關係的問題，我們不知道有什麼是先驗的。康德是在理性主義者的傳統中受教育的，所以頗爲休謨的懷疑主義感到惶惑不安，並且曾嘗試爲它尋找一個解答。後來他覺察到，不但因果關係，就是一切算術命題和幾何命題，也都是「綜合的」，也就是說，不是分析的。所有這些命題對於主語所做的一切分析，都揭示不出謂語來。7+5=12這個命題就是他現成的例子。他十分正確地指出7和5必須放在一起才得12。12這個觀念並不含蘊在7和5裡面，甚至於也不含蘊在把它們相加在一起的觀念裡面。這樣，他便得出了這一結論：一切純粹數學，儘管是

[47]

先驗的，卻是綜合的；但是，這個結論卻又提出了另一個新問題，他曾嘗試對於這個新問題找出一個答案來。

康德在他的哲學一開場就提出了「怎麼可能有純粹數學？」這一個既有趣而又困難的問題。各派哲學，只要不是純粹懷疑主義的，就必然要對這個問題找出一個答案來。純經驗主義者的答案是：我們的數學知識是從一些特殊事例歸納得來的。我們已經知道了這個答案是不適當的，理由有二：第一，歸納法原則本身的實效性並不是憑藉歸納法就能證明的；第二，像「二加二永遠等於四」這類數學上的普遍命題，顯然是憑著考慮某項單獨事例就可以肯定知道的，如果要再列舉一些其他表現這些命題爲眞的事例也沒有用。因此，我們對於數學上（同樣也適用於邏輯上）的普遍命題的知識，就必須用別的方法來加以說明，而不是用「凡人皆有死」這類（只不過或然的）經驗概括的知識來說明。

問題之所以發生，就是由於這類知識乃是普遍的，而一切經驗都是特殊的。顯然我們竟能夠預先知道我們還沒有經驗過的一些特殊事物的眞理，這似乎是很離奇的；但是，邏輯和數學之可以適用於這類事物，卻不容輕易懷疑。我們不知道百年以後誰是倫敦的居民；但是我們卻知道其中任何兩個人加上另外兩個人一共是四個人。這種明顯可見的對於我們未曾經驗過的事物加以預斷的才能，確實使人感到驚奇。康德對於這個問題的答案雖然就我的意見看來是無效的，畢竟是有趣的。然而，這個答案很困難，而且各個哲學家對於它各有不同的了解。因此，我們只能把它最簡單的綱要提了出來；即使如此，恐怕康德派的許多代表人物還會認爲這會使人發生誤解。

康德所持的見解是，我們所有的經驗裡有兩個因素是必須加以區別的，一個是由於客體而來的（即由於我們所謂的物理客體而來的），另一個是由於我們自身的性質而來的。在討論物質和感覺資料時我們就已經明瞭，物理客體和與其有關的感覺資料是不相同的，我們可以把感覺資料認作是物理客體和我們自身相互作用的結果。到此爲止，我們和康德的見解是一致的。但是，康德的特點是他對於我們自身和物體的比例成分加以分別分配的方法。他認爲感覺所提供的素材——顏色、軟硬等——是由於客體而來的，而我們所提供的則是在空間和時間中的排列和感覺資料間的一切關係，這些關係或者由於類比而發生，或者由於把某一資料看成爲另一資料的原因，或者由於別種方式而發生。他主張這種見解的主要理由是，我們對於時間、空間、因果關係和類比關係，似乎都具有先驗的知識，但是對於感覺中的眞正素材卻不然。他說我們可以肯定，我們所將經驗的每件事物都必然表明在我們的先驗的知識裡所已經肯定於它的那些特點，因爲這些特點都是由我們自身的性質而來的，因此不獲得這些特點，就沒有什麼東西能夠進到我們的經驗裡來。

康德認爲他稱之爲「物自體」❷的物質客體根本是不可知的；可知的乃是我們在經驗中所遇到的客體（他稱之爲「現象」）。「現象」是我們和物自體的聯合產物，它肯定具有那些源於我們自身的特點，因此它便一定符合於我們先驗的知識。因此，這種知識雖然對於一切實際的和可能的經驗都是適用的，但是還不可以假定它適用於外界的經驗。這樣，儘管有先驗的知識存在，但我們還是不能對於物自體有所知，也還是不能對於經驗中的一切非實際的或非可能的客體有所知。他想用這種方式來排解並調和理性主義者對於經驗主義者的論戰。

除了可用以批判康德哲學的那些次要根據之外，還有一個主要的反駁論點對於以他的方法來處理先驗的知識的問題似乎是極其重要的。我們確信事實必然永遠遵守邏輯和算術。但認爲邏輯和算術是我們強加上去的，卻並不能說明這一點。我們的本性正像任何事物一樣，乃是現世之中的一樁事實，所以沒有把握說它是持久不變的。如果康德沒有錯，那便可能會發生這樣的事，明天我們的本性將要大大地改變，以至於二加二會等於五。這種可能性他似乎不曾想到過，但是它卻把他對於算術命題所迫切

[49]

❷ 康德的「物自體」在定義上是和物質客體同一的，也就是說，它是造成感覺的原因。但是就定義所演繹出來的特性說，它又不是同一的，因為康德持有這樣的見解（儘管關於原因方面有些不一致），即我們所能知道的範疇沒有一個可以適用於物自體。——原注

希望證明的那種確切性和普遍性完全摧毀了。固然，這種可能性和康德派的見解是不一致的，康德認爲時間本身乃是主體所加諸於現象的一種形式，所以我們實在的自我是不在時間中的，也沒有明天。但是，他還是不得不假定各種現象的時間次序乃是決定於種種現象背後那個東西的特點，就我們論證的實質來說，這一點便已經足夠了。

倘使我們的一些算術信念是具有眞理的，那麼不問我們思考它們或不思考它們，它們必然可以同樣地應用到事物上，只要稍加思索，就可以明確這一點。兩個物體加上另兩個物體必然一共是四個物體，即使物體是不能經驗的。我們這樣斷言，當然是因爲它屬於我們說二加二等於四時所意味的範圍之內。它的眞理就和斷言兩種現象加上另兩種現象等於四種現象一樣是不容置疑的。因此，康德的答案就不恰當地限制了先驗的命題的範圍，此外，他想說明它們的確切可靠性的嘗試也已經失敗了。

且不談康德所提出的特別學說；在哲學家們中間，現在有一種最流行的見解，即把一切先驗的都認爲在某種意義上是心靈的，這是因爲與其說它和外界事實有關，毋寧說它和我們所必須採用的思維方式有關。在前一章裡，我們已經提到了通常稱爲「思維律」的三條原則。過去這樣定名是很自然的。但是，現在卻有確鑿的理由說這個名稱是錯了。讓我們舉矛盾律爲例。這條定律通常陳述的形式是「任何東西不能既是又不是」。它所表達的是這樣一個事實：沒有一件事物能夠同時具有一種特定性質而又不具有這種性質。因此，譬如說，倘使有一棵樹是山毛櫸，那它就不可能又不是山毛櫸；倘使我的桌子是長方形的，它就不可能同時又不是長方形的，如此等等。

其所以很自然地把這個原則稱爲思維律，原因就是：我們是憑著思維而不是憑著對外界的觀察相信它是必然的眞理。當我們看見了一棵樹是山毛櫸的時候，我們無須再去看一看它才能確定它是否也不是一棵山毛櫸；只憑思維我們就可以知道這是不可能的。雖然如此，矛盾律是一條思維律這個結論還是錯誤的。當我們相信矛盾律的時候，我們所相信的並非是心靈生來就必然相信矛盾律。這種信念乃是心靈反省的一個後果，心靈已預先給定了對矛盾律的信念。對於矛盾律的這種信念是對於事物的一種信念，而不只是對於思想的一種信念。它並不是這樣的一個信念：倘使我認爲一棵樹是山毛櫸，我便不能同時又認爲它不是一棵山毛櫸；它乃是這樣的一個信念：如果一棵樹是山毛櫸，它便同時不可能又不是一棵山毛櫸。因此，矛盾律是說明事物的，而不只是說明思想的。並且，雖然對於矛盾律的信念乃是一種思想，但是矛盾律本身卻不是一種思想，而是有關世上種種事物的一個事實。我們在相信矛盾律時所相信的這一切，倘使它對世上種種事物並不適用，那麼即令我們強行把它想成爲眞確的，也還是挽救不了矛盾律的虛妄。這就說明這個規律並不是一條思維律。

有一個類似的論證，也可以適用於任何其他先驗的判斷上。當我們判斷二加二等於四的時候，我們並不是對於我們的思想做出一個判斷，我們所判斷的乃是所有實際的或可能的對對成雙。固然，我們的心靈是生成相信二加二等於四的。但是，在我們斷言二加二等於四的時候，我們所著重要說的並不是這一事實。沒有一件有關我們心靈本質的事實能夠使二加二等於四成爲眞確的。因此，我們先驗的知識只要不是錯誤的，便不僅是論及我們心靈本質的知識，而且也必定適用於宇宙所包羅的一切，不論是心靈的或者是非心靈的東西。

事實似乎是：我們一切先驗的知識都是和各種實體有關的，但確切地說，不論在心靈的世界裡或在物質的世界裡，這些實體都是不存在的。這些實體可以名之爲非實物名詞；我們有著性質和關係這樣的實體。譬如說，假定我在我的房間裡。我存在著，我的房間也存在著；但是：「在……裡」（in）也存在著嗎？然而，「在……裡」這個詞顯然是有意義的，它指出我和我的房間之間具有一種關係。這種關係是某種東西，雖然我們不能以我和我的房間是存在著的那種意義來說它也存在著。「在……裡」這種關係是我們都能夠思考和了解的東西，因爲倘使我們不了解它，我們就不能了解「我在我的房間裡」這句話的意義了。許多追隨康德的哲學家都認爲，關係乃是心靈的行爲，事物本身並不具有關係，各種關係之所以產生乃是由於心靈在一次思考行爲中把各種事物帶到了一起，並判斷這些關係就是事物所具有的。

然而，這種見解和我們以往所竭力反對康德的那些見解相類似。看來這是很明白易曉的：「我在我的房間裡」這個命題的眞理並不是由思想所產生出來的。一個蠼螋在我房間裡，這也可能是眞確的，即使我，或者這個蠼螋，或者任何別人，都未察覺這個眞理；因爲這個眞理只涉及蠼螋和房間，而並不依賴於任何別的東西。因此，各種關係都應當放在一個既非心靈又非物質的世界裡，關於這一點，我們在下一章裡便會更加充分地明瞭。這個世界對於哲學是極其重要的，尤其對於一些有關**先驗的**知識的問題。關於它的性質和我們已經討論過的那些與之有關的問題，我們將在下一章裡繼續加以發揮。

第九章　共相的世界

在上一章結束的時候，我們已經明瞭「關係」之類的實體似乎是存在的，只是它們存在的方式和物理的客體是不同的，也和心靈和感覺資料不同。在本章裡，我們必須考慮這種存在的性質是什麼，也要考慮哪種客體具有這類存在。我們先從後一個問題開始。

我們現在所談的是一個很古老的問題，因爲那還是柏拉圖把它帶到哲學裡來的。柏拉圖的「理念說」就是解答這個問題的一個嘗試，就我的意見看來，他所做的至今還是一個最成功的嘗試。以下所要提出的，大部分是柏拉圖的理論，只是由於時代的進步而做了一些必要的修正罷了。

對於柏拉圖來說，這個問題發生的方式大概是這樣的。讓我們來考慮一下像「公道」這個概念。倘使我們自忖什麼是公道，很自然地我們便會從這種、那種或者別的某種公道的行爲來進行考慮，目的是要發現它們究竟有什麼共同之處。它們必然會在某種意義上都有在一切公道的事物裡存在著而別種事物中所沒有的一種共同的性質，這種共同的性質（公道的行爲就是由於它而成其爲公道的）便是公道的本身、是純粹的本質，它和日常生活中的一些事實混合起來就產生無數的公道行爲。任何別的詞，譬如說「白」，也同樣可以適用於共同的事實上。這個詞之所以能夠適用於許多特殊的事物，是因爲這些事物都具有一種共同的性質或者本質，這種純粹的本質就是柏拉圖所稱的「理念」或者「形式」。（切不可認爲柏拉圖所謂的「理念」是存在於心靈之內的，雖然它們可以被心靈所理解。）公道這個「理念」並不等於任何公道的事物：它是一種不屬於特殊事物的東西，但卻爲特殊的事物所共有。因爲它不是特殊的，所以它本身便不能存在於感覺世界之中。並且它也不像感覺的事物那樣變化無常；它本身是永恆不變的、不朽的。

於是，柏拉圖就達到了比普通的感覺世界格外眞實的一個超感覺的世界，也就是不變的理念世界，唯有它才提供給了感覺世界一切屬於它那實在的淡淡的映象。對於柏拉圖來說，眞正實在的世界就是理念的世界。因爲不論我們想要談論感覺世界中的什麼事物，我們都只能說它們分享有這樣或那樣的理念才行，那種理念才構成爲它們的特點。因此，這就很容易流於神祕主義。我們可以期望在一種神祕的啟示之中能夠像看見感覺的客體那樣也看見理念；我們也可以想像理念存在於天上。以上這些神祕的發揮原是很自然的，但是這種學說的基礎卻是合於邏輯的。正因它在基礎上是合於邏輯的，我們才必須對它加以考慮。

年深日久，「理念」這個名詞已經獲得了許許多多不相干的聯繫，所以把它用於柏拉圖的「理念」上的時候，就很容易造成誤解。因此，我們便不用「理念」而用「共相」這個詞來闡述柏拉圖的意見。柏拉圖所說的這種東西，其本質就在於它是和那些在感覺中所給定的特殊的東西對立的。凡是在感覺中所給定的東西，或和感覺中所給定的東西同性質的東西，我們就說它是一個特殊的東西；與此相反，一個共相則是那種能爲許多特殊的東西所分享的，並且是具有這樣一些特性的東西，這些特性，我們上面已看到，就把公道和種種公道的行爲、白和種種白的東西區別開來。

我們研究普通的詞就會發現：大體上特殊名稱代表殊相，而其他名詞、形容詞、前置詞、動詞則代表共相。代名詞代表殊相，但是意義並不明確：唯有從上下文或者從語言環境中我們才能知道它們所代表的是哪個殊相。「現在」這個詞代表一個殊相，亦即代表目前這一時刻；但是它也像代名詞一樣是一個模稜兩可的殊相，因爲「目前」是永遠在變化著的。

因此可以看出，一個句子至少也要有一個表示共相的詞才能組成。像「我喜歡這個」這樣的陳述，最近似於上述的說法。但是，就在這裡，「喜歡」一詞也表示一個共相，因爲我還可以喜歡別的東西，別的人也可以喜歡一些東西。因此，所有的眞理都涉及共相，而所有有關眞理的知識也都涉及對於共相的認識。

因爲字典中的詞幾乎都是代表共相的，所以這就很奇怪了：爲什麼除了學哲學的人之外，竟沒有人理解像共相這種實體的存在呢？我們自然不大琢磨句子裡那些不代表殊相的詞；倘使我們不得不琢磨一個代表共相的詞，我們就很自然地把它想成爲代表某個以共相而出現的殊相。譬如說，當我們聽說「查理一世的頭被砍下來了」❶

[54]

❶ 一六四九年一月三十日，英國議會以叛國罪處死英王查理一世（一六二五—一六四九）。——譯注

的時候，我們會極其自然地只想到查理一世、查理一世的頭和砍他的頭的動作，這些都是殊相；我們自然不會琢磨「頭」這個詞或「砍」這個詞是什麼意思，這兩個詞都是共相。我們覺得這類詞都是不完全的、不具體的。彷彿它們需要有個範圍才好辦。因此，我們就未免完全忽略了這類共相的詞，直到研究哲學時，我們才不得不注意它們。

大體上我們可以說，即使在哲學家們中間，往往也只是那些稱爲形容詞或名詞的共相才被人認識到，而那些稱爲動詞和前置詞的共相卻往往都被人忽略了。這種疏忽對於哲學起過很大的影響；自從斯賓諾莎以來，大部分形而上學都被這種疏忽所決定，這樣說是並不過分的。情形大致是這樣：一般地說，形容詞和名詞所表達的是單個事物的品質或性質，而前置詞和動詞卻傾向於表達兩件或兩件以上事物的關係。因此，對於前置詞和動詞的疏忽就造成了這種信念：前置詞可以看作是歸因於一件單個事物的性質，而不是表達兩件或兩件以上事物的關係。因此，過去曾以爲：歸根結底，不可能有事物之間的關係這種實體的存在。所以，宇宙中只有一個東西也好，有許多東西也好，它們總歸是不可能以任何方式相互發生作用的，因爲任何一種相互作用都會是一種關係，而關係是不可能存在的。

上述第一種見解是斯賓諾莎所首倡的，而今天也還是布萊德雷先生❷和許多別位

❷ 布萊德雷（F. H. Bradley, 1846-1924），英國新黑格爾主義哲學家。——譯注

哲學家們所堅持的，叫作一元論。第二種見解是萊布尼茲所首倡的（如今已經不很流行），叫作單子論，因爲每一件隔絕的東西都叫作一個單子。這兩種相對立的哲學儘管是有趣的，但是照我的意見看來，它們都過分注意了某一類共相，也就是說，過分注意形容詞和名詞所表現的共相，而不曾適當注意動詞和前置詞所表現的共相。

就事實而論，倘使有人很想完全否認有共相這種東西存在的話，我們就會發覺，我們並不能嚴格證明有諸如性質之類的實體存在，也就是說，不能證明有形容詞和名詞所表現的共相存在；但是我們卻能夠證明關係必然存在，也就是說，能夠證明一般由動詞和前置詞所表現的共相存在。讓我們舉共相白爲例來說明。倘使我們相信有「白」這樣一個共相，我們就說某些東西所以是白的，是因爲它們具有白的性質。然而這種見解曾被貝克萊和休謨所竭力否認，後來的經驗主義者在這方面都步他們的後塵。他們否認這種見解時所採取的形式是不承認有「抽象觀念」存在。他們說，當我們要思考「白」的時候，我們就在心靈中形成了一個殊相，一個白東西的形象，並且對於這個殊相加以推敲，同時注意不要演繹出任何只在它身上是眞確的而在其他白東西上卻又並非同樣眞確的東西。如果把這作爲說明我們實際的思考過程，毫無問題，這大致是正確的。例如，在幾何學中，當我們希望證明一切三角形所具有的某種東西時，我們就畫一個特殊的三角形來推敲，同時又注意不要利用它和任何別的三角形所並不分享的特點。初學者爲了避免錯誤起見，往往覺得畫上幾個三角形才能有所幫助，而且儘量畫得彼此不同，以便肯定他的推理可以同樣適用於所有的三角形。然而，一旦我們自問怎樣可以知道一件東西是白的，或者是一個三角形時，困難就立刻出現了。倘使我們希望避免用共相**白**和**三角形**，我們就得選擇一塊特殊的白或者一個特殊的三角形，而且要說，任何東西只要和我們所選擇出來的這個特殊品正好相似，那它就是白的，或者就是一個三角形。但是這時所需要的相似，也還必須是一個共相。因爲白的東西有許許多多，所以這種相似就必須在許多成對的白色東西之間成立；而這正是一個共相的特點。說每對之間都有不同的相似，這是毫無用處的；因爲，如果這樣，我們就必須說這些相似之處都是彼此相似的，因此最後我們還是不得不承認相似是一個共相。所以相似的關係就必須是一個眞實的共相。既然已經不得不承認這種共相，我們覺得就不值得再去創造一些困難的和講不通的學說來避免承認像是「白」和「三角形」這樣的共相了。

貝克萊和休謨之所以未能覺察到對於他們否認「抽象觀念」所提出來的這種反駁，是因爲他們也像他們的對手一樣，只是想到了**性質**問題，而完全忽略了**關係**也是共相。因此，理性主義者反對經驗主義者似乎在另一點上又正確了，雖說由於忽略了或者否認了關係的存在，他們所演繹出來的（只能這樣說）可能比經驗主義者所演繹出來的更加錯誤。

現在既然已經明瞭必然有共相這樣的實體，下一點要證明的就是：它們的存在不只是精神的。這意思是說：不論它們的存在屬於哪種，它們的存在並不有賴於被思維，也不有賴於以何方式爲心靈所覺察。我們在結束上章的時候已經接觸到了這個問題，但是現在需要更加充分地來研究共相屬於哪種存在。

讓我們來考慮「愛丁堡是在倫敦以北」這個命題。在這裡有一種屬於兩個地方之間的關係，而且這種關係的存續並不有賴於我們對它的認識；這一點是極其明白淺顯的。當我們知道愛丁堡是在倫敦以北時，我們便知道了一件和愛丁堡及倫敦有關的事情：我們知道了這個命題並不就使這個命題成爲眞理，恰恰相反，我們只是了解到一件早在我們知道它以前就已經在那裡存在的事實。縱使沒有一個人知道南北，縱使宇宙之中沒有心靈存在，愛丁堡所占的那塊地面一定是在倫敦所占的那塊地面以北。當然，有許多哲學家可以用貝克萊或康德的理由來否認這一點。但是我們已經考慮過這些理由，認爲它們都是無效的。因此，現在我們可以認定這是眞確的：在愛丁堡是在倫敦以北這件事實之中，並沒有精神的東西作爲先決條件。但是這件事實卻涉及「在……以北」這個關係，而「在……以北」是一個共相；倘使「在……以北」這個關係（它是事實的一個組成部分）的確涉及精神上的東西，那便不可能不是整個事實也涉及精神上的東西。因此，我們就必須承認：關係就像它所涉及的那些項目一樣，並不是有賴於我們的思考而存在的，它屬於思想所能理解而不能創造的那個獨立世界。

然而這個結論又遇到了這一困難：「在……以北」這個關係，看來並不是在愛丁堡和倫敦存在那種意義上存在著的。如果我們問：「這種關係在什麼地方和什麼時候存在呢？」答案就應當是「任何時間任何地點都不存在」。沒有一個地方，也沒有一個時間，我們可以找到「在……以北」這種關係。它在愛丁堡並不比在倫敦存在得多些，因爲它是聯繫這兩個地方的，不偏不倚地居於它們中間。我們也不能說它是在某個特殊時間存在著。每樣能被感官或內省所理解的事物，都是在某一特殊時間存在的。因此，「在……以北」這種關係根本和上述的一類事物不同，它既不在空間之中也不在時間之中，它既非物質的也非精神的；然而，它卻是某種東西。

主要因爲共相所具有的乃是這種奇異的存在，所以許多人才把共相看成是屬於精神的。我們可以想到一個共相，而且這時我們的思考行爲正像任何其他精神行爲一樣，它的存在也是普通意義上所說的存在。譬如說，假定我們現在思考「白」，那麼，在一種意義上，可以說「白」是「在我們的心靈裡」。在這裡，我們又遇到了第四章中討論貝克萊時所提到的那個曖昧不明的問題。嚴格說來，在我們心靈中的並不是「白」，而是思考白的那個行爲。我們同時也注意到，在「觀念」這個詞中也有互相糾纏、曖昧不明的情況，它在這裡也是造成混亂的原因。就「白」這個詞的一種意義來說，也就是說就它是指一種思考行爲的客體而言，「白」乃是一個「觀念」。因此，倘使不注意提防以上所提到的那種曖昧不明的情況，我們可能就把「白」認作是另一種意義上的一個「觀念」了，也就是把它認作是一樁思考行爲；這樣，我們就要把「白」認爲是精神的了。但是在這樣想的時候，我們便剝奪了它的共相性的基本性質。一個人的思考行爲和旁人的思考行爲必然不是同一回事；一個人在某個時間的思考行爲也必然和他在別個時間的思考行爲不是同一的。因此，如果「白」是和客體相對立的思想，那麼不同的兩個人就不能對它加以思考了，同一個人也就不能把它思考兩遍。種種對於「白」的不同的思想所共有的乃是它們的客體，而這個客體和所有這些思想並不相同。因此，共相不是思想，儘管它們是在作爲思想的客體的時候才爲人所認識。

我們將會發現，只有事物在時間之內的時候，也就是說，只有在我們能夠指出它們存在的時間的時候（這並不排除事物永久存在的可能），我們才容易斷言它們是存在著。因此，思想和感情、心靈和物質客體，都是存在的。但是共相並不是在這種意義上存在著；我們要說，它們是永存的，或者說，它們具有著實在，在這裡，「實在」是超時間的，是和「存在」相對立的。因此，共相的世界也可以說就是實在的世界。實在的世界是永遠不變的、嚴格的、確切的，對於數學家、邏輯學者、形而上學體系建立者和所有愛好完美勝於愛好生命的人們，它是可喜可悅的。存在著的世界則轉瞬即逝、模糊不清，沒有確定的界限、沒有任何明顯的計畫或安排；但是它卻包羅著所有的思想和感情、所有的感覺資料和所有的物質客體，林林總總、有益而又有害、可以影響人生現世價值的各種事物。根據我們的性情，我們現在情願對於這兩個世界先沉思一下。我們所不情願選擇的那個世界大概就是我們所情願選擇的這個世界的一幅淡淡的影子，不論就哪種意義來說，它幾乎都是不值得視爲眞實的。但是事實上，這兩個世界都要求我們同等地注意，兩者都是實在的，對於形而上學者都同樣重要。不錯，我們一旦把這兩個世界加以區別，就必須考慮它們的關係了。

但是首先我們應當考慮我們對於共相所具有的知識。在下一章裡我們就將加以考慮，我們覺得這可以解決**先驗**的知識問題；解決了這個問題之後，再開始研究共相。

第十章　論我們關於共相的知識

一個人在一定時間所具有的知識中，關於共相的知識正像關於殊相的知識那樣，也可以分爲這樣幾種：憑親身認識而來的，只憑描述而來的，既不憑認識也不憑描述而來的。

讓我們先考慮由認識而來的共相知識。首先，顯然我們都認識像白、紅、黑、甜、酸、大聲、硬等等共相，也就是說，認識感覺資料中所證實的那些性質。當我們看見一塊白東西的時候，最初我們所認識的是這塊個別的東西；但是看見許多塊白東西以後，我們便毫不費力地學會了把它們共同具有的那個「白」抽象出來；在學著這樣做的時候，我們就體會到怎樣去認識「白」了。類似的步驟也可以使我們認識這類的其他共相。這一類共相可以稱作「可感的性質」。它們和別類共相比較起來，可以說不需要多少抽象能力就能夠被人了解，而它們比起別的共相來彷彿是更少脫離殊相。

我們接下去就討論關係問題。最容易了解的關係就是一個複雜的感覺資料各部分之間的關係。比如說，我一眼就可以看見我正用來寫字的這張紙；所以這一整頁紙就包括在一個感覺資料之內。但是我覺察到這頁的某幾部分是在別的幾部分的左邊，有幾部分是在別的幾部分的上邊。就這一事例而論，抽象過程似乎是這樣進行的：我連續看見許多感覺資料，其中一部分在另一部分左邊；我覺得就像在各個不同的白東西中間一樣，所有這些感覺資料也有一種共同的東西；透過抽象過程，我發覺它們所共有的乃是部分與部分之間的一定關係，也就是我稱之「居於左邊」的那種關係。我就以這種方式逐漸認識了共相的關係。

根據同樣的方式，我也逐漸覺察到時間的先後關係。假定我聽見一套鐘的和聲：當最後一座鐘的和聲響起的時候，我還能在我的心靈之前保留著全部的和聲，而且我也能覺察到較早的鐘聲比較晚的鐘聲先到。在記憶方面，我也覺得我現在所記憶的一切都在現在之前。不論根據上述的哪一點，我都能夠抽象出先和後的共相關係，就像我曾抽象出「居於左邊」的共相關係一樣。因此，時間關係和空間關係一樣，也在我們所認識的那些關係之內。

又有一種關係，也是我們以極其類似的方式認識的，那就是相似關係。假使我同時看見兩種深淺不同的綠色，那麼我便能看出它們是彼此相似的；倘使我同時又看見一種紅色，我便能看出，兩種綠色彼此之間比起其對於紅色來更爲相似。我就以這種方式認識了共相的相似，或者說相似性。

在共相和共相之間就像在殊相和殊相之間一樣，有些關係是我們可以直接察覺的。我們剛剛已經看到，我們能夠察覺出深淺綠色之間的相似大於紅與綠之間的相似。在這裡，我們所討論的是存在於兩種關係之間的關係，就是「大於」這個關係。我們對於這類關係所具有的知識，雖然所需要的抽象能力比察覺感覺資料的性質時要大一些，但是它彷彿也一樣是直接的，（至少在一些事例裡）也同樣是無可懷疑的。所以對於共相，正和對於感覺資料一樣，我們也有直接的知識。

現在再回到先驗的知識這個問題上來，這是我們開始考慮共相時所留下的一個未解決的問題；我們發覺，現在我們來處理這個問題要比以前更使人感到滿意。讓我們再回過頭來談「二加二等於四」這個命題。由於我們所已經談過的，很顯然，這個命題所陳述的是共相「二」和共相「四」之間的一種關係。這就提示了一個我們所企圖確定的命題來；那就是：一切先驗的知識都只處理共相之間的關係。這個命題極爲重要，大可解決我們過去有關先驗知識方面的種種困難。

乍看上去，使我們的命題顯得似乎並不眞確的唯一一件事例便是，當一個先驗的命題陳述說一切同類的殊相都屬於別一類，或者是（結果是同樣的）一切具有某一性質的殊相也具有別種性質的時候。在這種情況中，彷彿我們所討論的就不是這種性質，而是具有這種性質的每一個殊相了。「二加二等於四」這個命題其實是個很恰當的例子，因爲它可以用「任何二加上任何其他的二等於四」的形式來陳述，也可以用「任何兩雙的撮合就是四」的形式來陳述。倘使我們能夠指出這兩種陳述所處理的其實都是共相的話，那麼我們的命題便可以看作得到了證明。

要發現一個命題所處理的是什麼，有一個方法就是自我詢問；即我們必須都了解些什麼詞，——換句話說，我們必須認識哪些客體，——然後才能明瞭命題的意義。我們一旦明瞭命題是什麼意思以後，哪怕我們還不知道它究竟是眞確的還是虛妄的，我們顯然還是可以對命題所眞正處理的一切有所認識的。由於利用這種驗證，就出現了這樣一個事實：許多命題看來原是有關殊相的，其實卻只是有關共相的。以「二加二等於四」這個特別事例而論，雖然我們把它解釋成「任何兩雙的撮合都是四」，但是顯然可見，我們還是能夠明白這個命題，也就是說，我們一旦明白了「撮合」、「二」和「四」是什麼意思，我們就明白它所斷言的是什麼了。我們完全無須知道世界上所有的成雙成對：倘若眞有這個必要的話，顯然我們便永遠也不會明白這個命題了，因爲成雙成對是不計其數的，我們不可能一一都知道。因此，雖然我們一般陳述中所意味的是對特殊的成雙成對的陳述，但是我們一經知道確有這樣特殊的成雙成對以後，它本身便不是斷言、也不是意味著有著像這類特殊的成雙成對了。因此，對於任何實際上的特殊的雙，它並未能做出任何陳述。這個陳述中所講的只是共相的「雙」，而不是這一雙或那一雙。

所以，「二加二等於四」這個陳述所處理的就完全是共相，因此不論誰都可以知道它，只要他認識有關的那些共相，並能覺察到陳述中所斷言的那些共相之間的關係。有時候，我們有能力可以覺察到像共相之間的那類關係，因此，有時對於算術上和邏輯上那些普遍的先驗的命題也便有能力知道。必須把這種情況當作是一件事實來看，這是我們對於知識反省時發現的。以前我們考慮到這類知識的時候，對於它似乎竟可以預測經驗和控制經驗，我們感覺到它很神祕。而現在我們了解到，這一點原是一個錯誤。關於任何可經驗的事物，沒有一件事實是不依靠經驗就能爲人所認知的。

我們先驗地知道兩件東西加上另兩件東西一共是四件東西，但是我們並不先驗地知道：倘使布朗和瓊斯是兩個人，羅賓森和史密斯是兩個人，那麼布朗、瓊斯、羅賓森和史密斯在一起就是四個人。理由是這個命題根本就不可能被理解，除非我們知道有布朗、瓊斯、羅賓森和史密斯這些人，而關於他們，我們只是由於經驗才能知道。因此，雖然我們的普遍命題是先驗的，但是它在應用到實際的殊相上就涉及經驗了，所以也就含有經驗的因素。這樣，就可以看出：在我們先驗的知識裡，那些看上去是神祕的東西，原來是基於一種錯誤。

倘使把我們眞確的先驗判斷拿來和像「凡人皆有死」這種經驗的概括加以對比，便會使這一點更加明白。在這裡，跟過去一樣，我們一經明瞭它所涉及的人和必死的這種共相時，就能了解這個命題是什麼意義。顯然並不必須對於整個人類先有對個人的認識，才可以了解我們命題的意義。因此，先驗的普遍命題和經驗的概括，它們之間的區別並不在命題的意義之中，而是在命題的證據的性質之中。以可經驗的事例而論，這種證據就存在於特殊的事例裡。我們所以相信所有的人都是必死的，是因爲我們知道有無數人死了的事例，而沒有一個人活過某個一定的年齡。我們不相信它是因爲我們看出了在共相的人和共相的有死之間有一種聯繫。誠然，倘使生理學能夠在承認支配活體的普遍規律條件下，證明了活的有機體沒有能永遠存活下去的，從而表明在人和必死之間有一種聯繫的話，那就可以使我們不必訴諸人死的個別事例來斷言我們的命題了。但是，這只意味著我們的概括是包羅在一個更廣泛的概括之中的，它的證據儘管外延較大，但還是屬於同類的。科學的進步經常產生這類小前提，因此，對於科學上的概括它就提供了日益寬廣的歸納基礎。但是，這雖然使得確切可靠的**程度**大一些，然而它所提供的**性質**並沒有差異：基本的根據還是歸納的，也就是從事例而來的，而不是**先驗的**，不是和屬於邏輯與算術中那種共相有關的。

談到**先驗的**普遍命題，有相反的兩點應當注意。第一點是，倘使許多特殊事例是已知，那就可以用歸納法從第一個事例得到我們的普遍命題，而共相之間的關係則是只到了後來才能覺察。譬如，我們都知道：倘使我們從一個三角形的三對邊作三條垂直線，則這三條垂直線必然交於一點。很可能首先引導我們得出這個命題的就是：在許多事例中曾經實際畫過一些垂直線，發現它們總是交於一點；這種經驗可能就引導我們去尋找普遍的證據，結果我們就找到了它。這種情形，在數學家們的經驗中是屢見不鮮的。

另一點就更爲有趣，在哲學上也更爲重要：那就是，有時候我們可以知道一個普遍命題，但是關於這個命題的事例卻一個也不知道。下列情形可以爲例：我們都知道任何兩個數可以相乘，所得的第三個數叫作**乘積**。我們也都知道：一切乘積小於一百的兩個整數都已經乘出，乘積的值都列在九九乘法表內。但是，我們又都知道，整數是無限的，而人類所思考過的或將來所要思考的，只不過是整數中有限的成雙成對而

[62]

已。所以結果是，人類所從未思考過、也永遠不會加以思考的成對的整數比比皆是；其乘積都在一百以上。因此，我們就得到這個命題：「人類所從未思考過、將來也永遠不會思考的兩個整數的一切乘積，都在一百以上。」這裡這個普遍命題的正確性是無可否認的，然而就它的性質而論，我們卻永遠也舉不出一件事例來；因爲我們所想到的任何兩個數都被排除在這個命題的各項之外。

關於那些不能舉例說明的普遍命題的認知問題，人們往往否認有這種可能性，因爲誰都覺察不出對於這類命題的知識，而所需要的又只是共相關係的知識，並不需要任何有關我們所說的共相事例的知識。但是這類普遍命題的知識，對於大部分一般公認爲應當知道的東西，卻是十分重要的。例如，我們已經在前幾章裡看到，和感覺資料相對立的物體只是由推論得出來的，而不是我們所認識的東西。因此，我們便永遠不能認識像「這是一個物體」這種形式的命題，在這裡，「這」指的是直接認識的事物。其結果便是：我們一切有關物體的知識都是不能舉出實例證明的。我們可以舉出有關感覺資料的實例，但是我們卻舉不出實際的物體的事例。因此，我們對於物體所具有的知識，就全盤有賴於那種舉不出實例證明來的普遍知識的可能性上。這也同樣可以適用於我們對於別人心靈的知識上，或者適用於我們認識之中無例可舉的任何別類事物的知識上。

現在我們就可以綜觀一下我們知識的各種來源，因爲它們已經在我們的分析之中出現了。首先，我們應當區別對於事物的知識和對於眞理的知識。每種知識都可以分作兩類，一類是直接的，一類是派生的。對於事物的直接知識，我們稱之爲認識的，根據所認識的事物而言，它包括兩種，即殊相的和共相的。在殊相的知識之中，我們所認識的是感覺資料，（大概）也還有我們自己。在共相的知識之中，似乎沒有一條原則可以使我們據之以判斷哪一樣是可以憑藉認識知道的。但是有一點卻很明瞭，我們能夠從認識而知道的東西乃是感性的性質、空間時間關係、相似關係和邏輯方面的某些抽象的共相。對於事物所具有的派生的知識，我們稱之爲描述的知識，它永遠包括對於某種東西的認識和眞理的知識。我們所具有的直接的眞理知識可以稱作直觀的知識，由直觀而認識的眞理可以稱作自明的眞理。在這類眞理之中，也包括那些只陳述感官所提供的眞理、邏輯和算術方面的某些抽象原則以及倫理方面的一些命題（雖然確切性較差）。我們所具有的派生的眞理知識包括有從自明的眞理所能演繹出來的每一樣東西，那些都是由於使用演繹法的自明原則可以演繹出來的。

倘使以上的敘述是正確的，那麼我們所具有的一切有關眞理的知識便都有賴於我們的直觀知識了。因此，很像最初我們考慮認識的知識的性質和範圍那樣，現在考慮直觀知識的性質和範圍也成了一件重要的事。但是眞理的知識卻提出了一個更進一步的問題，那就是錯誤的問題，這是有關事物的知識所沒有提出的。我們的信念有些是錯誤的，因此就必須考慮究竟如何才能夠把知識和錯誤區別開來。這個問題的發生並不涉及認識的知識，其理由是，不論認識的客體是什麼，即使是在夢中或在幻覺中認識的，只要我們不超出直接客體的範圍之外，就不涉及錯誤。只有在我們把直接客體，也就是把感覺資料，看成爲某種物體的標誌時候，錯誤才會發生。因此，和眞理的知識有關的問題，就要比那些和事物的知識有關的問題更爲困難一些。現在就讓我們把直觀判斷的性質及其範圍作爲有關眞理知識的第一個問題來研究。

第十一章　論直觀的知識

我們有一個共同的印象，即認爲我們所相信的東西樣樣都應當是可以證明的，或至少可以表明其或然性是很高的。許多人都覺得，一種沒有理由可加以說明的信仰就是不合理的信仰。大體說來，這種見解是正確的。差不多我們的一切信仰，如其還不是從那些可以看作是說明這些信仰的其他信仰推論出來的，也是能夠從它們推論出來的。不過，推論的理由通常卻被人忘記了，或者是從來就不曾有意識地被我們想到過。譬如說，有什麼理由可以假定我們現在所要吃的東西不會變成毒物呢？我們中間自問過這個問題的人可謂寥寥無幾。但是我們覺得，倘使有人如此詰問，我們總能找出完全恰當的理由回答，哪怕當時並沒有現成的理由。我們這樣相信，通常都能證明是合理的。

但是讓我們試想某位喜歡堅持己見的蘇格拉底，任憑我們向他拿出什麼理由來，他總是繼續要求用另一個理由來說明這個理由。像這樣追究下去，大概不會很久，遲早我們總要被逼到這樣一步：我們再也找不出一個更進一步的理由，而且幾乎可以肯定，在理論上甚至於也不可能再發現進一步的理由了。從日常生活的普通信念出發，我們可以從一點到另一點節節被迫後退，一直達到某項普遍原則或者一個原則的某一事例爲止，這個原則看上去是光輝透亮地自明的，它本身不可能再從任何更自明的東西推論出來了。就大多數日常生活問題而言，比如我們的食品是否眞的富於營養而不含毒，都可以使我們向後追究到我們已經在第六章中討論過的歸納法原則。但是從歸納法原則再向後追究過去，似乎便沒有倒退的餘地了。這個原則本身是我們推理時所經常使用的，有時是有意識地、有時是無意識地。但是，一切推理只要是從比較簡單的自明原則出發，便不能導致我們以歸納法原則作爲它的結論。對於其他邏輯原則也是如此。邏輯原則的眞理對於我們是自明的，我們在解釋證驗的時候要用到它。但是它們本身（或者說至少其中有些）是不能證驗的。

雖然如此，自明性並不只限於那些不可能證明的普遍原則才有。許多邏輯原則一經承認之後，其餘的也便可以從它們中演繹出來；但是所演繹出來的命題卻往往和那些沒有證據的假設命題是一樣地自明。不僅如此，一切算術命題也都能夠從邏輯的普遍原則演繹出來，像「二加二等於四」這樣簡單的算術命題更是和邏輯原則一樣自明的。

有些倫理原則（諸如「我們應當追求美好的事物」）看來也是自明的，儘管它們大有爭論的餘地。

應當注意的是，就一切普遍原則的情況而論，處理所熟悉事物的特殊事例總比普遍原則更加明顯。譬如，矛盾律是說：沒有一件事物能同時具有某種性質而又不具有該種性質。一了解這條規律，就會知道它是顯然的。但是，例如說我們所看見的一朵特殊的玫瑰花不能同時是紅的而又不是紅的，便不是如此之顯然了。（當然很可能，玫瑰花某幾部分是紅的，而別的幾部分又不是紅的；再不然，玫瑰花也可能是粉紅色的，而我們簡直不知道是否可以把這種顏色稱爲紅的；但是在前一種情形中，玫瑰花

[65]

分明並不整個都是紅的，在後一種情形中，我們只要按照「紅」的精確定義判斷，我們的答案在理論上便可以立刻確定。）通常我們是透過特殊事例才能明瞭普遍原則。不需要事例的說明便能隨時把握普遍原則的，這是只有習慣於處理抽象化的人們才能做得到的。

除了普遍原則之外，其他自明的眞理都是直接從感覺得來的。我們把這類眞理叫作「知覺的眞理」，把表達它們的判斷稱作「知覺的判斷」。但是在這裡，就需要相當愼重才能夠獲得自明眞理的精確性質。實際的感覺資料既不是眞確的，也不是虛妄的。比如說，我們看見的某一塊特殊的顏色的確是存在著：這並不是一個眞確或虛妄的問題。的確是有這樣的一塊，的確是它有一定的形狀和一定程度的光澤，的確它的周圍被幾種別的顏色環繞著。但是，這一塊的本身，像感覺世界中任何其他的事物一樣，和那些眞確的事物或者虛妄的事物根本就不屬於同一類，因此，說它是眞確的，並不恰當。這樣說來，不論從我們感官所獲得的是什麼自明的眞理，它們必然跟從感官所得來的感覺資料不同。

自明的知覺眞理似乎共有兩種，雖然分析到最後它們可能會合在一起。第一種僅僅斷言感覺資料的存在而不加任何分析。我們看見了一塊紅色，我們便判斷說「有如此這般的一塊紅色」，或者更嚴格地說「它就在那裡」；這是一種直觀的知覺判斷。[66]當感覺的客體很複雜，我們把它提出來加以某種程度的分析的時候，就產生了第二種知覺判斷。比如說，倘使我們看見了一塊圓形的紅色，我們便會判斷說，「那塊紅色是圓形的」。這又是一個知覺判斷，但是它和上述那個知覺判斷在性質上不同。在這個判斷中，我們的單一的感覺資料具有顏色又具有形狀：顏色是紅的，形狀是圓的。我們的判斷是先把這個資料分爲顏色和形狀，然後憑藉紅色是圓形的這一陳述又把它們結合到一道。這類判斷的另一個實例是：「這個在那個的右邊」，其中「這個」和「那個」可以看出是同時被看到的。在這種判斷中，感覺資料所包含的各個成分是彼此相關的，我們所下的判斷就是斷言這些成分有這種關係。

另一類直觀的判斷則是記憶的判斷，它和感覺的判斷類似，但卻又完全不同。由於一個人對於客體的記憶很容易同時對於這個客體還有個映象，而映象並不是記憶的組成部分，所以關於記憶的性質就有混淆的危險。只要注意到映象是當前的，而又知道所記憶的是屬於過去的，那麼便很容易看清這一點了。不僅如此，我們確實能夠把我們的映象和所記起的客體做出相當程度的比較，因此我們便往往可以知道在相當廣闊的範圍之內，我們的映象能準確到什麼程度。但是，如果客體不是和映象相對立，如果客體不是在我們的心靈之前的某處，便不可能這樣比較，也不可能這樣認識了。因此，構成記憶的要素並不是映象，而是在心靈之前直接有著一個被認爲是屬於過去的客體。記憶的事實如果不是就這種意義而言，我們便不會知道曾經有過一個過去，我們對於「過去」這個詞所了解的，也便不至於比一個天生盲人對於「光」這個詞所了解得更多。因此，就必然是有著記憶上的直觀判斷，而且我們有關過去的一切知識根本上都是依賴於它們的。

雖然如此，記憶的這一情況也造成了疑難，因爲它是非常會引向迷途的，因而使人對於一般直觀的判斷產生了懷疑。這種疑難非同小可。但是，首先讓我們儘量縮小它的範圍。概括地說，經驗愈鮮明、時間又愈接近的，那麼記憶的可靠性也就愈大。如果隔壁房屋在半分鐘之前遭了雷擊，那麼我對於自己所看見的和所聽見的一切記憶便都非常可靠，要懷疑究竟有沒有打過閃，那簡直是荒謬可笑了。鮮明程度較差的經驗，只要它們是最近發生的，也是一樣可靠而不容懷疑的。我絕對肯定我現在坐的就是半分鐘以前坐過的那把椅子。回想這一天的時候，我發現有些事情是我完全可以肯定的，有些事情我也差不多可以肯定，還有一些事情在我經過一番思索，追想起種種連帶的情況以後也能夠加以肯定，但是有些事情我便絕不能夠肯定了。我完全肯定今天早上我吃過早飯。但是，如果我像哲學家那樣對於早飯毫不關心，我就會抱著懷疑的態度了。至於吃早飯時候的談話，其中有些我可以毫不費力地想起來，有些則需要費一番思索，有些只好存疑，還有些卻一點也想不起來了。因此，我所記憶的一切，其自明的程度有著一系列的等級差別，我的記憶的可靠程度和這個等級是相應的。

因此，對於記憶錯誤的這一疑難問題，第一個解答就是：記憶有著自明性上的等級程度，這種自明性的等級程度和記憶可靠性的等級程度是相應的，在我們記憶中那些新近發生的和記憶鮮明的事件，它們的完全可靠性可以達到完全自明的限度。

雖然如此，堅決相信完全是虛妄記憶的事例，似乎也有。以這些事例而論，大概眞正所記憶的東西（就其直接就在心靈之前這種意義而言）並不是所誤信的東西，儘管它和所誤信的東西有著一般的聯繫。據傳喬治四世❶常常說他參加過滑鐵盧之戰，最後終於他自己也就這樣相信了。在這種情況中，他所直接記憶的是他自己的重複其詞；對於他所斷言的那個信念（如果有過），則是由於聯想記起來的論斷而產生出來的，因此，那並不是一件記憶的眞情實況。有些記憶錯誤的情況大概都可能用這種方式來解決：即嚴格說來，可以看出它們都不是記憶的眞情實況。

關於自明性的一個要點，已經由記憶的情況加以明確了，那就是，自明性是有等級之分的：這並不是一種性質上存不存在的問題，而是一種性質上存在多少的問題，在等級上，它可以從絕對肯定的程度直到幾乎不可察覺的微乎其微。知覺的眞理和某些邏輯的原則，都具有程度極高的自明性；直接記憶的眞理，也有著幾乎同等之高的程度，歸納法原則比起某些其他邏輯原則來，自明性較低，比如，比起「一切從眞確的前提得出來的，必然是眞確的」，便是如此。記憶所隔的時間愈久、愈模糊時，自明性也便遞次減低；邏輯眞理和數學眞理變得愈複雜時，它們的自明性也便愈低（大

❶ 喬治四世，英國國王，一八二〇－一八三〇年在位。——譯注

略地說）。關於內在的倫理價值或者審美價值所做的判斷，也可能有些自明性，但是並不多。

在知識論中，自明性的程度很重要，因爲既然命題不眞確也可以（似乎可能）具有某種程度的自明性，所以就不需要把自明性和眞理之間的一切關係全盤捨棄，而只須說：遇有衝突時，便應當保留自明性較強的命題而摒棄那自明性不夠的命題。

然而根據以上所說明的，似乎非常有可能在「自明性」之中結合有兩個不同的概念：其中一個概念與最高度的自明性相應，其實也就是眞理一貫正確無誤的保證；另一個概念則是和所有其他自明性程度相應的，因此便不能提供無誤的保證，而只不過是一種或大或小的假定罷了。然而這只是一種提法，現在我們還不能對它作更進一步的發揮。在眞理的性質問題解決之後，我們將再回到自明性的問題上來，它與區別知識和錯誤的問題是有關的。

第十二章　眞理和虛妄

我們關於眞理的知識和關於事物的知識是不相同的，它有個反面，就是錯誤。僅就事物而論，我們可以認識它們，也可以不認識它們，但是沒有一種肯定的思想狀態，使我們可以把它描述爲是對事物的錯誤知識；無論如何，只要我們是以認識的知識爲限時，情形便是如此。無論我們所認識的是什麼，它總歸是某種東西：我們可以從我們的認識做出錯誤的推理，但是認識本身卻不可能是靠不住的。因此，談到認識，便沒有二元性。但是，談到關於眞理的知識便有二元性了。對於虛妄的，我們可以像對眞確的是一樣地相信。我們知道，在許許多多問題上，不同的人抱有不同的和勢不兩立的見解：因此，總歸有些信念是錯誤的。既然錯誤的信念和眞確的信念一樣地常常被人堅持，所以如何把錯誤的信念從眞確的信念中區別出來，就成了一個難題。在一件已知事例中，如何能夠知道我們的信念不是錯誤的呢？這是一個極其困難的問題，對於這個問題，不可能有完全滿意的答案。然而，這裡有一個初步問題比較不大困難：即，我們所說眞確的和虛妄的是什麼意義？這個初步問題就是我們本章所要考慮的。

在本章裡，我們不問我們如何能夠知道一種信念是眞確的還是虛妄的，我們只問：一種信念是眞確的還是虛妄的這個問題是什麼意思？對於這個問題的明確答案，有助於我們對哪些信念是正確的這個問題獲得一個解答；但是，目前我們只問「什麼是眞確的？」「什麼是虛妄的？」而不問「哪些信念是眞確的？」和「哪些信念是虛妄的？」把這些不同的問題完全分開來是非常重要的，因爲這兩者的任何混淆所產生的答案，實際上對任何一個問題都不適用。

倘使我們想要發現眞理的性質，便有三點應當注意，任何理論都應當滿足這三個必要條件。

(1)我們的眞理理論必須是那種承認有它的反面（即虛妄）的理論。許多哲學家都未能很好地滿足這個條件：他們都是根據我們在思想上認爲應該是眞確的東西來構造理論，於是就極難爲虛妄找到一個位置。在這方面，我們的信念理論必須有別於我們的認識理論，因爲就認識而論，不必考慮任何反面。

(2)就眞理和虛妄的相互關聯而言，倘使沒有信念，便不可能有虛妄，因而便也不可能有眞理；這是顯而易見的。倘使我們設想一個純粹物質的世界，在這個世界裡就會沒有虛妄的位置，即使其中有可以稱爲「事實」的一切，但是它不會有眞理，這是就眞理和虛妄屬於同類事物而言。事實上，眞理和虛妄是屬於信念和陳述的性質：因此，一個純粹物質的世界就既不包括信念又不包括陳述，所以也就不會包括有眞理或虛妄。

(3)但是，正和剛才我們上面所說的相反，應該注意：一種信念是眞理還是虛妄，永遠有賴於信念本身之外的某種東西而定。如果我相信查理一世死在斷頭臺上❶，那麼我的信念就是眞確的，這並不是由於我的信念的任何內在性質，——關於這一點，只憑研究信念，就可以發現，——而是由於兩個半世紀以前所發生的歷史事件。如果我相信查理一世死在他的床上，我的信念就是虛妄的；不管我的信念鮮明程度是如何地高或者如何愼重才達到了這個結論的，一概阻止不了這個信念之爲虛妄，那原因就在於許久以前所發生的事實，而不在於我的信念的任何內在性質。因此，雖然眞理和虛妄是信念的某些性質，但是這些性質是依賴於信念對於別種事物的關係，而不是依賴於信仰的任何內在性質。

上述的第三個必要條件就引導我們採取了這種見解，即認爲眞理存在於信念和事實相符的形式之中；整個說來，這種見解在哲學家中是最普遍的。然而，要發現一種無可反駁的相符形式，絕不是一樁容易的事情。一部分就是由於這一點（一部分也由於覺得：倘使眞理存在於思維和思維以外的某種東西的相符之中，那麼在已經達到眞理時，思維也永遠不會知道的），許多哲學家就都想給眞理找一個定義，即眞理並不存在於與完全在信念之外的某種東西的關係中。眞理在於一致性的學說曾盡了最大的努力，想要提出這樣的定義來。據說，在我們的信念體系中，缺乏一致性就是虛妄的標

❶ 查理一世（一六二五—一六四九），英國國王，英國革命時被處死。——譯注

誌。而一個眞理的精髓就在於構成爲一個圓滿的體系，也就是構成爲大眞理的一部分。

然而，這種看法有一個很大的困難，或者毋寧說，有兩個極大的困難。第一個是：我們沒有理由來假定只可能有一個一致的信念體系。也許一個小說家用他豐富的想像力，可以爲這個世界創造出來一個過去，與我們所知道的完全相合，但是與實在的過去卻又完全不同。在科學事實裡，往往有兩個或兩個以上的假說，都可以說明我們對於某一問題所已知的一切事實；雖說在這種情況中，科學家們總想找出一些事實，目的只在於證明某一個假說而排斥其餘的，但是還沒有理由說他們就應該永遠獲得成功。

再者，在哲學裡，兩種敵對的假說都能夠說明一切事實，這似乎並不罕見。因此，舉例來說，人生可能是一場大夢，而外部世界所具有的實在程度不過是像夢中的客體所具有的那種實在程度而已；但是，儘管這種看法和已知的事實似乎並非不一致，然而還是沒有理由要選擇這種看法而拋棄普通的常識看法，根據普通的常識看法，別的人和別的事物都確實存在著。這樣，一致性作爲眞理的定義就無效了，因爲沒有證據可以證明只有一個一致性的體系。

對於眞理的這個定義，還有另外一種反駁，即認爲「一致性」的意義是已知的，而在事實上，「一致性」卻預先假定了邏輯規律的眞理。兩個命題都眞確時，它們是一致的；當至少其中一個是虛妄時，彼此就不一致了。現在，爲了要知道兩個

[71]

命題是否都是眞確的，我們就必須知道像矛盾律這樣的眞理。比如說，根據矛盾律，「這棵樹是一棵山毛櫸」和「這棵樹不是一棵山毛櫸」這兩個命題就不是一致的。但是倘使以一致性來檢驗矛盾律本身，我們便會發現：倘使我們假定它是虛妄的，那麼便再沒有什麼東西是與其他東西不一致的了。這樣，邏輯規律所提供的乃是架子或框架，一致性的試驗只是在這個框架裡適用；它們本身卻不能憑藉這種試驗而成立。

由於上述兩個原因，便不能把一致性作爲是提供了眞理的**意義**而加以接受，雖則一個最重要的眞理**驗證**，往往是要在相當數量的眞確性之後才成爲已知的。

因此，我們不得不又回到了原來的問題——把**符合事實**看成是構成眞理的性質。我們所謂「事實」是什麼，信念和事實之間所存在的相應關係的性質又是什麼？爲了使信念眞確起見，這些仍然應當精確地加以界定。

根據我們的三個必要條件而論，我們就必須找出一種眞理的理論來，(1)它許可眞理有一個反面，即虛妄，(2)把眞理作爲是信念的一種性質，但(3)使眞理的性質完全有賴於信念對於外界事物的關係。

因爲必須容許有虛妄存在，所以便不可能把信念認作是心靈對一個單獨客體的關係；當然，這個客體是指我們所相信的東西。如果信念就是如此，我們便會發現，它將會和認識一樣地不承認眞理的反面——虛妄，從而也就會永遠是眞確的了。這一點

[72]

可以舉例說明。奧賽羅虛妄地相信苔絲狄蒙娜愛著卡西歐❷。我們不能說，這種信念存在於對一個單獨客體（「苔絲狄蒙娜對於卡西歐的愛情」）的關係之內。因為如果眞有這樣一個客體，這個信念就會是眞確的了。事實上並沒有這一客體，因此，奧賽羅便不能對這樣的客體有任何關係。為此，他的信念便不能存在於對這個客體的關係之內。

或者可以說，他的信念是對另一個不同的客體（「苔絲狄蒙娜愛卡西歐」）的一種關係；但是，當苔絲狄蒙娜並不愛卡西歐的時候，卻來假設有這樣一個客體，這和假設有「苔絲狄蒙娜對卡西歐的愛情」差不多是同樣困難。為此，最好是找到一種信念的理論，而這種理論不使信念存在於心靈對一個單獨客體的關係之內。

通常，總是把關係認為永遠是存在於兩造之間的，但是事實上並不永遠如此。有些關係要求三造，有些要求四造，諸如此類。例如，以「之間」這個關係為例。僅就兩造而論，「之間」這個關係就是不可能的；三造才是使它成為可能的最小數目。約克是在倫敦和愛丁堡之間，但假如世界上僅有倫敦和愛丁堡，那麼在一個地方與另一個地方之間便不可能有什麼東西了。同樣，嫉妒也需要有三個人才行：沒有一種關係不至少牽涉到三個人的。像「甲希望乙可以促成丙和丁的婚姻」這樣的命題，則牽涉

❷ 奧賽羅聽信讒言，懷疑妻子苔絲狄蒙娜。卡西歐是奧賽羅的部將。事見莎士比亞劇本《奧賽羅》。——譯注

到四造的關係；那就是說，甲、乙、丙和丁都在內，所牽涉到的關係，除了以牽涉到全體四個人的形式來表達以外，再不可能有其他形式來表達。這樣的事例可以無窮無盡，但我們所說的已經足以表明，有些關係在它們發生之前不止於需要兩造。

凡是牽涉到判斷或相信的關係，如果要爲虛妄適當地保留餘地的話，就應該把它當作是幾造之間的一種關係，而不應該把它當作是兩造間的關係來看待。當奧賽羅相信苔絲狄蒙娜愛卡西歐的時候，在他的心目之前，一定不只有一個單獨的客體：「苔絲狄蒙娜對於卡西歐的愛情」，或者「苔絲狄蒙娜愛卡西歐」，因爲這個客體還需要有一個客觀的虛妄，這種客觀的虛妄是不依賴任何心靈而常在的；雖然這一理論在邏輯上無可反駁，但是只要有可能，還是要避開不用。因此，如果我們把判斷當作一種關係，而把心靈和各種不同的有關客體都看成是這種關係中的機緣際會，虛妄就比較容易說明了；那也就是說，苔絲狄蒙娜和愛情和卡西歐，在奧賽羅相信苔絲狄蒙娜愛卡西歐的時候，都是常在的關係中的各造。因爲奧賽羅也是這種關係中的一造，因此，這種關係就是四造間的一種關係。當我們說它是四造的一種關係時，我們並不意味著，奧賽羅對於苔絲狄蒙娜具有某種關係，也不意味著奧賽羅對於愛而又對於卡西歐具有著同樣的關係。除了「相信」以外，別種關係也是如此；但是顯而易見的是，「相信」並不是奧賽羅對於有關三造的每一方所具有的那種關係，而是對他們整個所具有的關係：其中只有一例涉及「信念」關係，但是這一例就把四造都聯結在一起了。這樣，在奧賽羅懷著他的信念那一刻，實際所發生的情形乃是：所謂的「信念」關係把奧賽羅、苔絲狄蒙娜、愛情和卡西歐四造聯結在了一起，成爲了一個複雜的整體。所謂信念或判斷並不是什麼別的，只不過是把一個心靈和心靈以外的不同事物聯繫起來的這種信念關係或判斷關係罷了。一樁信念行爲或判斷**行爲**，就是在某一特殊時間，在幾造之間所發生的信念關係或判斷關係。

現在我們就可以明白，區別眞理的判斷和虛妄的判斷究竟是什麼了。爲了這個目的，我們將要採用某些定義。在每一項判斷行爲中，都有一個執行判斷的心靈，還有涉及它所判斷的各造。我們把心靈稱作判斷中的**主體**，其餘幾造則稱作**客體**。這樣，當奧賽羅判斷苔絲狄蒙娜愛卡西歐的時候，奧賽羅就是主體，客體就是苔絲狄蒙娜、愛和卡西歐。主體和客體就稱爲判斷的**組成成分**。可以注意到，判斷關係具有一種所謂「意義」或「方向」的東西。我們可以打個比方說，它把它的各個客體安排成一定的**次序**，關於這一點，我們可以借助這句話中的詞的次序來表明。（在有變格的語言中，借助變格，也就是借助主格和賓格間的區別來表示這種情形。）奧賽羅的判斷「卡西歐愛苔絲狄蒙娜」和他的另一個判斷「苔絲狄蒙娜愛卡西歐」是不相同的，因爲判斷關係把組成成分的安排次序改變了，儘管在這兩句中，包括著同樣的組成成分。同樣，如果卡西歐判斷說，苔絲狄蒙娜愛奧賽羅，這個判斷的組成成分雖然還是同樣的，但是它們的次序卻不同了。判斷關係具有某種「意義」或「方向」的這一性質，是它和一切其他關係所共有的。關係的「意義」就是次序和系列和許多數學概念的最終根源；但是我們無須再進一步來考慮這一方面。

我們談到所謂「判斷」關係或「相信」關係，就是把主體和客體結合在一起成爲一個複雜的整體。在這一方面，判斷完全和各種別的關係是一樣的。只要在兩造或兩造以上維持一種關係，這種關係就把這幾方連接成爲一個複雜的整體。如果奧賽羅愛苔絲狄蒙娜，那麼就有著像「奧賽羅對於苔絲狄蒙娜的愛情」這樣一個複雜的整體。這種關係所連接起來的各方，其本身可以是複雜的，也可以是簡單的，但是所連接起來的整體必然是複雜的。只要有一個把某幾方聯繫起來的關係，就必定有一個由於這幾方結合起來而造成的複雜客體；反之，只要有一個複雜的客體，也就必定有一個關係來聯繫它的各個組成成分。當有一樁信念行爲出現的時候，就必定有一個複雜體，而「信念」便是其中起聯繫作用的關係，主體和客體便按信念關係的「意義」排成一定的次序。在考察「奧賽羅相信苔絲狄蒙娜愛卡西歐」的時候，我們已經看到，在客體之中有一個必定是一種關係，——在這個事例裡，這個關係就是「愛」。但是這種關係，像在信念行爲中所發生的情形那樣，並不是造成包括主體和客體的複雜整體的統一的那種關係。「愛」這個關係，就像它在信念行爲中那樣，乃是客體之一，——它是建築物中的一塊磚，而不是水泥。「信念」關係才是水泥。當信念是眞確的時候，就有另一個統一體，在這一統一體中，其中一個信念客體作爲關係就把其餘的客體聯繫起來。因此，如果奧賽羅相信苔絲狄蒙娜愛卡西歐而相信得正確，那麼就必定有一個複雜的統一體：即「苔絲狄蒙娜對於卡西歐的愛情」，它完全由信念的各個客體所組成，各個客體安排的次序和信念中的次序相同，其中的一個客體就是關係，它現在是作爲結合其他客體的水泥而出現的。另一方面，當某個信念是虛妄的時候，便沒有這樣一個只由信念的客體所組成的複雜的統一體了。如果奧賽羅相信苔絲狄蒙娜愛卡西歐而信得虛妄了，那麼便不存在像「苔絲狄蒙娜對於卡西歐的愛情」這樣一個複雜的統一體。

因此，當一種信念和某一相聯繫的複雜體相應的時候，它便是眞確的；不相應的時候，它便是虛妄的。爲了明確起見，便可以假定信念的客體乃是兩造和一個關係，而兩造各按信念的「意義」排成一定的次序，如果這兩造按照所排列的次序被關係結合成爲一個複雜體，那麼這個信念就是眞確的，否則，便是虛妄的。這就構成了我們所尋求的那個眞理定義和虛妄定義。判斷或信念是某種複雜的統一體，心靈是它的一個組成成分；如果其餘各個成分排列成爲信念中的同樣次序，結果形成了一個複雜的統一體，那麼這種信念便是眞確的；否則，就是虛妄的。

這樣，雖然眞理和虛妄乃是信念的性質，但是在某種意義上，它們都是外在的性質，因爲一種信念的眞實，它的條件乃是一種不涉及信念，（大體上）也不涉及心靈的東西，它只不過是信念的客體而已。當一個相應的複雜體不涉及心靈而只涉及它的客體的時候，一個心靈能這樣地相信，它就是相信得正確了。這種相應就是眞理的保證，沒有這種相應就只是虛妄。因此，我們同時就說明了兩件事實：(a)信念的存在依賴於心靈，(b)信念的眞理不依賴心靈。

我們可以把我們的理論重申如下：倘使以「奧賽羅相信苔絲狄蒙娜愛卡西歐」這個信念爲例，那麼我們就可以把苔絲狄蒙娜和卡西歐叫作客體，把愛叫作客體關係。如果的確有「苔絲狄蒙娜對於卡西歐的愛」這樣一個複雜的統一體，其中包含有幾造客體，而這幾造客體是按照它們在信仰中相同的次序由客體關係所聯繫起來的，那麼這種複雜的統一體就叫作與信仰相應的事實。因此，一個信念，在有一個與它相應的事實的時候，便是眞實的，在沒有與它相應的事實的時候，便是虛妄的。

可以看出，心靈並不創造眞理，也不創造虛妄。它們創造信念，但是信念一經創造出來，心靈便不能使它們成爲眞實的或成爲虛妄的了，除非在特殊情況中，它們涉及的未來事物不超出人的信念能力的範圍，譬如，趕火車。證明信念之成爲眞確的，乃是事實，而這個事實絕不（除非在例外情況中）涉及具有這種信念的人的心靈。

現在已經明瞭我們所說眞理或虛妄是什麼意義了，下一步，我們就要考慮有什麼方法可以知道哪種信念是眞確的或哪種是虛妄的。下一章將完全討論這個問題。

第十三章　知識、錯誤和或然性意見

上一章我們所考慮的眞理和虛妄的意義問題，比起如何可以知道什麼是眞確的和什麼是虛妄的這個問題來，就次要得多了。本章將要完全研究這個問題。無疑地，我們有些信念是錯誤的；因此，我們就不得不問：要判斷如此如彼的信念並不錯誤，這究竟能確切可靠到什麼程度呢。換句話說，我們究竟能不能夠認知什麼事物呢？還只是僥一時之幸，我們便相信了那是眞確的呢？在解答這個問題之前，無論如何，我們必須首先決定「認知」究竟是什麼意思，這個問題並不像大家所設想的那麼容易。

乍看上去，我們可能以爲知識的定義就是「眞確的信念」。在我們所相信的乃是眞確的時候，我們就會以爲對於自己所相信的已經有了一種知識了。但是這就會不符合於「知識」這個詞的普通用法了。舉一個小小的例子來說：倘使一個人相信已故首相的姓以字母B開始，他所相信的就是眞確的。因爲已故首相的姓名是亨利・坎貝爾・班納曼（Bannerman）爵士❶。但是，倘使他相信貝爾福（Balfour）❷先生是已故首相，而又相信已故首相的姓以字母B開始，儘管這個信念是眞確的，然而卻不能認爲就構成知識。倘使一家報紙，在收到報告戰果的電訊以前，憑著聰明的預見而

❶ 班納曼（Henry Campbell Bannerman, 1836-1908），繼貝爾福之後，於一九〇五—一九〇八任英國首相。——譯注

❷ 貝爾福（A. J. Balfour, 1848-1930），一九〇二—一九〇五任英國首相。——譯注

刊載了一次戰役的結果，也可能僥倖事後證明它所刊載的結果是正確的，從而也使一些經驗較差的讀者們產生信任。但是，儘管他們的信心是眞確的，卻不能說他們有了知識。因此就可以明瞭，當一個眞確的信念是從一個虛妄的信念演繹出來的時候，便不是知識。

同樣，倘使一個眞確的信念是從錯誤的推理過程演繹出來的，即使演繹時所根據的前提是眞確的，它也不能稱作知識。倘若我知道所有的希臘人是人，又知道蘇格拉底是人，於是我便推論蘇格拉底是希臘人；這樣，還是不能認爲我**知道**蘇格拉底是一個希臘人，因爲我的前提和結論雖然都是正確的，但結論畢竟不是根據前提而來的。

但是是否我們應該說，除了根據眞確的前提有效地演繹出來的以外，別的就都不是知識了呢？顯然，我們不能這樣說。這個定義太寬泛又太狹窄。首先，它之所以太寬泛是因爲，如果說前提是眞確的，它們便是可以**認知**的，這並不夠。相信貝爾福先生是故首相的人，可以根據「故首相的姓以字母B開始」這個眞確的前提，做出有效的演繹來，但是卻不能說他**知道**了憑著演繹所達到的結論。因此，我們必須修改我們的定義說，知識是從**已知**的前提有效地演繹出來的東西。雖然如此，這還是一個循環定義：它假定我們已經知道「已知前提」的意義了。因此，這個定義至多只不過是對於一種知識，即我們所謂派生的知識，做了界說，它是與直觀的知識相對立的。我們可以說：「**派生**的知識是根據我們直觀認知的前提有效地演繹出來的東西。」在這一

[77]

陳述中沒有形式上的缺點，但是卻留下了關於直觀知識的定義問題，還有待研究。

讓我們把直觀的知識問題暫時擱在一旁，先來研究上邊所提出的派生的知識的定義。反對這個定義的主要理由是：它不適當地限制了知識。常常有這種情形發生：人們懷著一種眞誠的信念，這種信念所以能在他們的心中滋長，是因爲它可以根據一些片斷的直觀知識有效地推論出來；但事實上，它卻不是利用任何邏輯步驟根據直觀知識推論出來的。

例如，我們以由閱讀而產生的信念爲例。倘使報紙刊載了國王逝世的消息，那麼我們相信國王故去便是非常合理的，因爲如果這件事是虛妄的，便不會刊載這條新聞了。我們有充分理由相信新聞紙的斷言：國王逝世了。但是在這裡，我們的信念所依據的直觀知識是從看到刊載這則新聞的印刷物而派生的有關感覺資料存在的知識。這種知識很難呈現於人的意識之中，除非一個人的閱讀能力很差。一個小孩子可能知道每個字的形狀，很吃力地一點一點念下去，才能了解它們的意義。但是，隨便一個習慣於閱讀的人卻不然，他看下去馬上就知道每個字的意思，除非他經過一番反省，否則便不會覺察到他的這種知識原是從「看見鉛印字」這種感覺資料得來的。因此，雖然根據每個字來有效地推論它們的意義是可能的，而且讀者也能做得到，但是事實上卻沒有做到，因爲實際上他並沒有做出任何可以稱之爲邏輯推理的步驟。但是，要說讀者並不知道新聞紙刊載了國王謝世的新聞，那就會荒謬了。

[78]

所以，不論直觀的知識的結果如何，哪怕只憑聯想的結果，只消有一個有效的邏輯聯繫，而當事人又能憑藉反省覺察到這種聯繫時，我們就應該承認它是派生的知識。除了邏輯的推理以外，事實上我們可以借助許多別的方法從一個信仰得到另一個信仰：例如，從印刷物過渡到它的意義，就說明了這些方法。這種方法可以稱之爲「心理的推理」。只消有一套可發現的邏輯的推理跟心理的推理並行，我們便可以認爲這種心理的推理是獲得派生的知識的一種方法。因爲「可發現的」這個詞的意義很模糊，所以這就使得我們對於派生的知識所下的定義，不如我們所期望的那麼精確：它並沒有告訴我們需要多少反覆思索才能做出這一發現來。但是事實上，「知識」並不是一個精確的概念：在本章的講述中，我們將要更充分地明瞭，它和「或然性意見」是混在一起的。因此，就不必去尋求一個非常之精確的定義，因爲任何定義總歸要引起誤解。

雖然如此，一談到知識，主要的困難倒不是發生在派生的知識上，而是發生在直觀的知識上。只要我們研究派生的知識，我們就要退回到識別直觀的知識上來。但是談到直觀的信仰，要想發現一個標準來區別哪些是眞確的，哪些是錯誤的，那絕不是一件容易事。在這個問題上，簡直不可能達到非常精確的結果：我們一切的眞理知識都帶有幾分存疑的程度，一種理論只要忽略了這個事實，顯然它就是錯誤的。雖然如此，若要減少這個問題的困難，還是有辦法補救的。

首先，我們的眞理理論提供了這種可能性：我們在保證無錯誤的這種意義上，可以把某些眞理區別爲自明的。當一種信念是眞確的時候，我們便說，有一個和它相應的事實，在這個事實中，這種信念的幾個客體便構成一個單獨的複合體。只要這種信念可以滿足本章中所考慮的那些尙未十分明確的條件，就可以說這種信念構成了這個事實的知識。但是談到任何事實，則除了由於信念所構成的知識之外，我們也可以具有一種由於知覺所構成的知識（在這裡，知覺這個詞是取其可能的最廣義的用法）。譬如，倘使你知道日落的時間，你便可以在那個時間知道日落這樁事實：這是透過眞理的知識所得來的有關事實的知識；如果天朗氣清，你還可以舉目西眺而確實看到沉沉西落的太陽；這時，你便是透過事物的知識而知道同一件事實了。

因此，談到任何複雜的事實，在理論上，總有兩種方法可以認知它：(1)是借助於判斷，在判斷中，事實的各不同部分都被認爲是像它們在事實中那樣地互相關聯著；(2)是借助於認識複雜事物的本身，這可以稱作知覺（廣義地說），雖然它絕不以感覺的客體爲限。現在可以注意到，第二種認知複雜事物的方法，也就是認識的方法，只有在眞存在有這樣一樁事實時才是可能的；而第一種方法，像一切判斷一樣，可能會發生錯誤。第二種方法把複雜事物整個提供給了我們，因此只有在整體的各部分之間具有一種關係把它們結合成爲這個複雜的整體時，它才是可能的。第一種方法便完全不同了，它是把各部分和它們的關係分別提供給我的，並只要求各部分和它們的關係的實在性：關係可能不是按照判斷的方式把各部分聯繫起來的，但還是可以得出那樣的判斷。

應當記得，在第十一章結束時，我們曾提出可能有兩種自明性，一種向我們提供眞理的絕對保證，另一種則只提供部分的保證。現在我們可以把這兩種加以區別了。

我們可以說，當我認識一樁和眞理相對應的事實時，這個眞理就是自明的（就其首要的絕對意義而言）。當奧賽羅相信苔絲狄蒙娜愛卡西歐的時候，倘使他的信念是眞確的，那麼和它相應的事實便是「苔絲狄蒙娜對於卡西歐有了戀情」。關於這件事實，除了苔絲狄蒙娜以外，沒有人能夠認識到；因此，就我們現在考慮的「自明」意義而言，苔絲狄蒙娜愛卡西歐這個眞理（倘使它是一件眞理），只有對苔絲狄蒙娜是自明的。所有的精神事實和所有的關於感覺資料的事實，都含有這種私人的成分：因爲能夠認識這些精神事物或者與之有關的感覺資料的只有一個人，所以就現在我們所謂自明的意義而言，它們就只能對一個人是自明的。因此一切事實，只要是有關特殊的存在事物的，就都不能夠對一個人以上是自明的。另一方面，事實只要是有關共相的，便沒有這種屬於私人的成分了。許多心靈都能認識同一的共相；因此，共相之間的關係對於許多不同的人來說，就可以憑著認識而爲人所知。在任何情形中，只要我們是憑著認識而知道一樁由若干詞項組成的一種一定關係的複雜事實，那麼對於這些詞項是如此聯繫起來的這個眞理，我們便說它具有首要的或絕對的自明性，在這種情形中，這樣聯繫起來的詞項，便**必然**是眞確的。所以，這種自明性是眞理的一個絕對保證。

但是，這種自明性雖然是眞理的絕對保證，然而它卻不能使我們可以**絕對地**肯定，在任何已知的判斷中，我們所說的判斷就是眞確的。假設我們首先覺察到了太陽在照耀著，這是一件複雜的事實，於是便判斷說「太陽在照耀著」。從知覺過渡到判斷的時候，是必須對已知的事實加以分析的：我們必須把這件事實的組成成分「太陽」和「照耀著」分開來。在這一分析過程中，是可能會犯錯誤的；因此，即使一樁**事實**具有首要的或絕對的自明性時，一個大家都信以爲和事實相應的判斷並不見得就是絕對不錯的，因爲它也可以並不眞正和事實相應。但是，倘使它和事實相應（就上章所說明的「相應」意義而言），那它就**必然**是眞確的了。

第二種自明性，主要是屬於判斷的，而不是由於把一樁事實直接知覺爲一個單獨的複雜整體得來的。這個第二種自明性會有程度上的差別，它可以從最高程度遞減到僅只是支持這種信仰的一種傾向。譬如說，一匹馬沿著一條路面堅硬的大道從我們這裡匆匆走過去。最初，我們不過肯定我們聽見了馬蹄聲罷了；漸漸地，倘使我們仔細聽下去，有一個片刻我們會以爲那是幻想，或者是樓上的百葉窗聲，再不然就是我們的心跳聲了；最後，我們會懷疑起來，究竟有沒有什麼聲音，以後我們又**以爲**我們不再聽見什麼。終於，我們**知道**我們什麼全都聽不見了。在這段過程中，便有一種連續的自明等級，從最高程度到最低程度，這種等級並不是在那些感覺資料的本身之中，而是在根據它們所做出的判斷裡。

或者，我們再假定拿兩個顏色來做比較，一個是藍色，一個是綠色。我們可以十分肯定地說，它們是兩種不同的顏色；但是，倘使讓綠色逐漸改變得愈來愈像藍色，於是首先應變成藍綠色，然後變成稍綠的藍色，再變成爲藍色，那麼總會達到這樣的一個時候：我們就會懷疑起來，它們究竟有沒有什麼區別；然後又會達到一個我們知道看不出有什麼區別的時候。撥弄樂器時，或者在有連續等級存在的其他情況中，也有同樣的情形。這樣說來，這一類自明性就是個等級的問題了；等級高的要比等級低的更加可靠，似乎這一點是顯然可見的。

在派生的知識中，我們的根本前提必須具有相當程度的自明性，前提和從前提演繹出來的結論兩者間的關係也必須是如此。以幾何中的一段推理爲例。單單我們所據以出發的定理是自明的，這還不夠；在推理的每一步驟中，前提和結論的關係必須也是自明的才行。在困難的推理中，這種關係的自明性往往在程度上是很低的；因此，遇到嚴重困難的時候，推理的錯誤並不是不可能的。

根據以上我們所談的，顯然可見，談到直觀的知識和派生的知識這兩者，倘使我們認爲直觀知識的可靠程度與其自明性的程度成正比，那麼從顯著的感覺資料的存在和邏輯上及數學上比較簡單的眞理（這都可以認爲是十分確切不移的），直到那些其或然率比它的反面大得並不多的判斷爲止，其可靠性是有著等級上的差別的。我們所堅決相信的如果是眞確的，就叫作**知識**，不論它是直覺的，還是用邏輯的方法從直觀的知識推理（邏輯地或心理地）得來的。我們所堅決相信的如果不是眞確的，就叫作**錯誤**。凡是我們所堅決相信的，如果它既不是知識，又不是錯誤，同時我們所不堅決相信的，根據它沒有最高的自明性或者不是從自明性最高的事物而得來的，都可以叫作**或然性**的意見。因此，大部分通常可以認爲是知識的東西，多少都是或然性的意見。

有關或然性的意見，我們可以從**一貫性**得到很大的幫助；我們反對把一貫性作爲眞理的**定義**，但是卻常常可以把它當作一個**標準**。一套各自獨立的或然性意見，倘使是相互一貫的，那麼它們就比其中任何單獨一個的或然性要大些。科學上的許多假設，便是以這種方式取得了它們的或然性。它們被嵌進了各種或然意見的一個一貫的體系，它們要比在單獨時的或然性更大些。同樣情形也可以適用於哲學上的一般假設。往往在一個單獨事例裡這類假設似乎是極可懷疑的，但是當我們考慮到它們把秩序和一貫性帶入到許多或然性的意見的時候，它們就變得幾乎是可靠的了。這一點，特別可以適用於像是在區別夢和實際生活這樣的事情上。如果我們的夢夜夜都像我們的日間生活那樣一致，我們便簡直不知道是應該相信夢，還是應該相信實際生活了。但事實上，檢查一下一貫性便否定了夢，而肯定了實際生活。這種檢查雖然在成功的地方增進了或然性，但是它永遠不可能提供絕對的可靠性，除非是在一貫的體系中已經有相當程度的可靠性。因此，僅僅把或然性的意見加以組織，這種做法本身永遠也不會使或然性的意見變成爲無可懷疑的知識。

第十四章　哲學知識的範圍

到此爲止，我們所談關於哲學的一切簡直還沒有接觸到大多數哲學家作品中最占篇幅的那許多問題。大多數哲學家們——無論如何，有著很多哲學家——都承認能夠憑*先驗*的形而上的推理來證明宗教的基本信條、宇宙的根本合理性、物質的虛幻、一切罪惡的非實在性，等等。無疑地，有許多窮畢生之力研究哲學的學者一心希望找出理由來使人相信這類論點；對於他們，這個希望是一個主要的鼓舞。但是，我相信這份希望是徒勞無功的。關於宇宙整體的知識，似乎並不是憑形而上學所能獲得的；單憑邏輯規律所提出來的證據，認爲某種東西*必然*存在而某種其他東西不能存在，似乎都經不起批判性的深入研究。在本章中，我們將要簡單地考慮這種推理所採取的方式，目的是要發現我們可不可以期望這種推理是有效的。

黑格爾（一七七〇—一八三一）是我們所想要加以研究的一位近代抱有這種見解的偉大代表。黑格爾的哲學很艱深，對於黑格爾哲學的眞正解釋，各家詮釋的意見也不相同。我所要採取的，倘使不是大多數詮釋家的解釋，也是屬於多數的見解，它的優點是提供一種有趣的重要哲學的類型。根據這種解釋，他的主要論點是：凡是缺乏「整體」性的東西，顯然就是片斷的，如果沒有世界上其餘部分來補充它的話，顯然它便不能夠存在。一個比較解剖學家可以從一塊骨頭看出一個生物的全貌，照黑格爾的意見說來，形而上學者應當也可以從實在的任何片斷看出實在的整體是什麼樣子，——最低限度，應該可以看出它的大致輪廓來。表面上各個分離的片斷實在，好像都有套鉤把它和別個片斷的實在鉤在了一起。那另一片斷的實在又有新的套鉤，這樣下去，直到整個宇宙又重新建立了起來。照黑格爾的看法，這種本質上的不完整性會同樣在思維世界和事物世界中出現。在思維世界中，倘使我們舉出一個任何抽象的或不完整的觀念來，經過一番研究以後，我們便會發現，如果我們忘記了它的不完整性，我們便會陷入矛盾之中；這些矛盾把我們所談的這個觀念變成爲它的對立物或者對立面。爲了避免這種情形，我們便必須找出一個較完整的新觀念來，它就是我們原來的觀念和它的對立面這二者的綜合。這個新觀念，比起我們所由以出發的那個觀念較爲完整些；然而可以發現，它不但仍然不是全然完整的，而且還會變成爲它自己的對立面，結果它與這個對立面必然又會結成一個新的綜合。黑格爾就以這種方式前進，一直達到了「絕對觀念」；根據他的見解，絕對觀念沒有不完整，沒有對立面，也便無須有更進一步的發展。因此，絕對觀念是適於描述絕對實在的；而一切較低級的觀念都是把實在描述成從局部看過去的那種樣子，而不像一個人同時在通盤觀察整體時所看見的那種樣子。因此，黑格爾結論說，絕對的實在自成一個單獨的和諧體系，它是超空間和超時間的，不含任何程度的惡，它是完全理性的，完全是精神的。在我們所認知的世界中，任何與這相反的現象，他相信都能夠用邏輯方法證明：那完全是由於我們對於宇宙所進行的乃是局部觀察的緣故。倘使我們像是我們所假定上帝的那種看法來看宇宙整體，那麼空間、時間、物質和惡以及所有的努力和鬥爭，便都會消逝不見了；我們所看見的，便應當是一個亙古常存的完美不變的精神統一體。

在這種概念之中，不可否認地有一種東西很崇高，我們都願意承認它。然而，仔細研究支持這種概念的論證之後，就看得出它們包括著許多錯亂和許多不能保證其確實性的假定。這個體系得以建立起來的基本信條是：一切不完整的必定是不能自存的，而必須先有其他事物的支持才能存在。所堅持的理由是，任何事物只要它和其本身之外的事物有關，那麼在它自己的性質之中便必然包含著對於自身之外那些事物的某些關係。因此，自身之外的那些事物如果不存在的話，這件事物也便不可能成其所以爲它自己。比如說，一個人的性質，是由於他的記憶、他的其餘知識和他所具有的那種愛憎感情等等構成的；因此，假如沒有他知道的，或者喜愛的，或者憎恨的客體，他便不可能成其爲他自己了。他基本上顯然是一個片斷的部分，把他作爲實在的整體，他就會是自相矛盾的了。

然而，整個這種觀點的關鍵，在於對一件事物的「性質」這個概念上，性質的概念似乎是指「關於這件事物的一切眞理」。當然，這情況是指把一樁事物和另一樁事物聯繫起來的眞理，倘使這另一樁事物並不持續存在，這個眞理便也不能持續存在。但是，一樁事物的眞理並不是這樁事物本身的一個部分，儘管根據上述的習慣說法，它必然會是這樁事物的「性質」的一部分。如果一樁事物的「性質」，我們指的是關於這件事物的全部眞理，那麼顯然可見，除非我們知道宇宙中一切事物對於一切別的

[84]

事物的關係，不然我們便不會知道一件事物的「性質」。但是，倘使我們是以這種意義在使用「性質」這個詞，那麼我們便必須抱有這一見解：在不知道一件事物的「性質」的時候，無論如何，在不完全知道它的性質時候，這件事物還是可以爲我們所知道的。當「性質」一詞用在這種意義上的時候，對事物的知識和對眞理的知識便會發生混淆。我們可以憑著認識而對一件事物具有知識，哪怕有關它的命題我們所知道的卻寥寥無幾，——理論上，我們並不需要知道有關它的任何命題。因此，所謂認識一件事物，其中並不包括對於這件事物的性質的知識（在上述的意義上）。雖然認識一件事物涉及我們對於一件事物所認知的任何一個有關它的命題，但是並不涉及有關它的「性質」的知識（在上述的意義上）。因此，(1)認識一件事物，在邏輯上並不包括有關它的各種關係的知識，(2)有關一件事物的某些關係的知識之中並不包括有關它的全部關係的知識，也不包括有關它的性質的知識（在上述的意義上）。比如說，無須牙科醫生（他並不直接感覺我的牙痛）告訴我牙痛的原因，因此也無須根據上述的「性質」的意義來認知它的性質，我就可以知道我牙痛，而且這種知識是充分完備的認識的知識；所以一件事物具有各種關係的這個事實，並不證明它那些關係在邏輯上是必要的。那就是說，單從事物就是這個樣子，單從這一事實出發，我們演繹不出它應該具有它在事實上所具有的那些各種不同的關係來。這似乎是可以理解的，因爲我們已經知道了這一點。

因之，我們無法證明，宇宙作爲一個整體來說，像黑格爾所相信的那樣，是自成一個單一的諧和體系的。而倘使我們不能證明這一點，我們便也不能證明空間、時間、物質和惡的非實在性，因爲這是黑格爾根據這些事物的片斷的性質和關係的性質演繹出來的。因此，我們就只好零碎地考察世界，也就無法認知和我們的經驗迥然不同的宇宙各個部分的性質了。這種結果，儘管使那些因哲學家們所提出的體系而滿懷希望的人們大失所望，但是它卻和我們當代歸納法的和科學的氣質相和諧，而且又被人類知識的全部研究所證實，這在前幾章中已經陳述過了。

形而上學者的一個最雄心勃勃的企圖，就是想要證明實際世界中這樣那樣的外表特點都是自相矛盾的，因此便不可能是實在的。然而，近代思想的整個趨勢卻愈來愈趨向於指出這些假設的矛盾都是虛假的，並指出從我們對於事物**必定**是如何如何這類的考慮而能**先驗**地加以證明的東西是很少的。關於這一點，空間和時間可以提供一個很好的例子。空間和時間，在廣袤上似乎都是無限的，可以無限地加以分割。倘使我們沿著一條直線不論往哪個方向走，都難於使人相信最終我們會走到最後的一個點，——過了這個點便什麼東西也沒有，連空無所有的空間也沒有了。同樣，倘使我們想像在時間中向前或向後旅行，也難於使人相信可以達到一個太初或者一個末日，——再過去就什麼都沒有了，連空無所有的時間也沒有。所以，空間和時間的範圍似乎是無限的。

再者，倘使我們在一條線段上取兩個點，不論這兩點間的距離如何之小，顯然它們之間還存在著一些別的點；每一距離都可以分成兩半，這兩半又都可以再分成兩半，這樣便可以無限地二分下去。就時間而論，也是類似的。在兩個瞬間之間，不論經歷的時間是如何短促，顯然似乎在它們之間還存在著一些別的瞬間。這樣，空間和時間便似乎都是可以無限分割的。但是，哲學家們所已經提出來的論證卻是和這些顯而易見的事實——即空間和時間的無限廣闊和無限的可分割性——相反，他們想要指明事物的集聚不可能是無限的，因此，空間中的點的數目，或者時間中的瞬間的數目，便必然是有限的。這樣，在空間時間的表面性質和假設中的無限集聚的不可能性，這兩者之間便出現了一個矛盾。

康德是首先強調這一矛盾的人，他演繹出時間和空間的不可能性，他說空間和時間都只是主觀的。從他以後，許多哲學家們便相信空間和時間純粹是現象，不相信它們眞就是世界的性質。但是因爲現在有了數學家的辛勤研究，其中以格奧爾格・康托爾❶爲最，已經表明無限集聚的不可能性是錯誤的。它們並不是在事實上自相矛盾，而僅僅是某些比較固執的心理偏見的矛盾。因此，把空間和時間認爲是不實在的那些理由，已經變得無效；形而上學思想結構的主要泉源之一便告枯竭了。

---

❶ 格奧爾格・康托爾（Georg Cantor, 1845-1918），德國數學家。——譯注

然而，數學家們並不滿足於指出空間可能就是一般所設想的那樣；他們又指出：就邏輯範圍所能指明的而論，有許多別種形式的空間也同樣是可能的。歐幾里得的某些定理，就常識看來是必不可少的，過去也被哲學家認爲是必不可少的；但是現在知道它們之所以表現爲必不可少只是由於我們熟悉實際的空間的緣故，而並不是出自任何先驗的邏輯基礎。數學家們想像了種種世界，都是歐幾里得的公理不可能在其中生效的，從而便利用邏輯擺脫了一些常識上的偏見，並指出可能有些空間或多或少和我們所居住的這個空間不同。其中有些空間和歐幾里得空間的區別是很小的（後者只涉及我們所能測量的距離），以至於不能僅憑觀察就發現我們的實際空間是嚴格地屬於歐幾里得空間，還是屬於這些其他類別空間中的一種。這樣，情況便完全倒轉過來了。過去，似乎經驗只把一種空間留給了邏輯，而邏輯卻指明這樣一種空間是不可能的。現在，邏輯儘量脫離經驗而提出了許多種空間，而經驗只能在其中做出部分的決定。因此，當我們對於「是什麼」的知識比過去所以爲會有的，顯得少了的時候，我們對於「可能是什麼」的知識，便會大大增加。我們發現，現在我們不是被關在連角落和縫隙全都可以探查到的狹隘的四壁裡，而是在一個充滿著種種可能性的廣闊世界之中，在這裡有許多事物還是人們所不知道的，因爲要知道的事物是太多了。

在空間和時間中所發生的情況，在別的方面也已經相當程度地出現了。想用先驗的原則來給宇宙加以規範的企圖已經破了產。邏輯已不像過去那樣是各種可能性的阻礙，而是成爲了人們想像力的偉大解放者：它提供了無數的方法，都不是不假思索的常識所能夠理解的；它並且把抉擇的重任留給了經驗，在有抉擇可能的時候，讓經驗來在邏輯所提出的那許多世界之中爲我們做出抉擇。這樣，關於一切存在的知識，就只限於我們從經驗所能夠知道的東西，——而不是只限於我們所能實際經驗到了的東西；因爲我們已經明瞭，有許多描述的知識是論及我們並沒有直接經驗的事物的。但是，就一切描述的知識而論，我們需要有共相間的一定關係來使我們能從這樣或那樣的資料推論出我們的資料所表示的某種客體。因此，就物理的客體而言，比如說，感覺資料乃是物理客體的表徵這個原則，它本身就是共相的一個關係；而且只有借助於這一原則，經驗才能使我們獲得有關物理客體的知識。這也同樣適用於因果律，或者降而適用於普遍性較差的原則（如引力定律）。

像引力定律的原則就是憑藉經驗和某種完全先驗的原則（例如歸納法原則）的結合而得到了證實，或者是表現出很大的或然性的。因此，我們的直觀知識（它是我們所有其他眞理知識的根源）就有兩種：一種是純粹的經驗知識，它告訴我們有關我們所認識的特殊事物的存在和它們的一些性質，另一種是純粹的先驗知識，它告訴我們關於共相之間的關係，使我們得以根據經驗知識中所提供的特殊事實做出推論。我們的派生的知識永遠都依賴於某種純粹的先驗知識，通常也依賴於某種純粹的經驗知識。

倘使我們上述的一切都是眞確的，那麼哲學的知識和科學的知識便基本上沒有區別；沒有一種知識之源是只供哲學汲取而不供科學汲取的，哲學所獲得的結果也不會和科學所獲得的結果有根本的差異。哲學的根本特點便是批判，正是這種特點使得它成爲一種和科學不同的學問。哲學對於科學上和日常生活上所使用的那些原則都要加以批判地研究，而且要從這些原則中找出它們的不一致來；只有在找不到擯斥它們的理由的時候，才把它們作爲批判研究的結果接受下來。許多哲學家都這樣相信：倘使科學所根據的那些原則擺脫了一切毫不相關的東西的糾纏之後，而能提供給我們有關宇宙整體的知識，那麼這種知識便和科學知識同樣地可以要求我們信仰；但是我們的探討還沒有揭示出任何這種知識來，因此關於大膽的形而上學者的特殊學說，主要地便只能有否定的結果了。但是關於普通可以作爲知識而加以接受的東西，我們的結果主要地是肯定的；我們很少找到可以摒棄這種知識的理由，作爲是批判的結果，而且我們認爲也沒有什麼理由可以認爲，人就不能掌握他通常所信以爲具有的那種知識。

然而，當我們說哲學是一種批判的知識的時候，必須加上一定的界限。倘使我們採取完全懷疑者的態度，把自身完全置於一切知識之外，而又從這個立場上要求必須回到知識的範圍之內；那麼我們便是在要求不可能的事，而我們的懷疑主義也就永遠不會被人所駁倒了。因爲一切的批駁言論都是從爭論者所共同具有的知識出發的；沒有一種論證應該從空洞的懷疑出發。因此，倘使要達到任何結果，哲學所運用的批判的知識，便必然不屬於破壞性的那類。對這種絕對的懷疑主義，並沒有邏輯的論證可以提出反駁。但是，這種懷疑主義是不合理的，這一點卻不難明瞭。笛卡兒的「方法論的懷疑」是近代哲學的開端，並不屬於這一類；它是那種我們所斷定屬於哲學本質的批判方法，他的「方法論的懷疑」在於懷疑任何似乎可以懷疑的事物，在於有了一點顯然的知識，再經過一番思索之後，便自己思忖是否他覺得眞的知道了這件事物。這就是構成爲哲學的那種批判方法。有些知識，例如關於我們的感覺資料存在的知識，無論我們如何平心靜氣地澈底思索它，也表現出它是不容加以懷疑的。關於這種知識，哲學的批判並不是要我們不去相信它。但是有些信念——例如，相信物理客體恰好和我們的感覺資料相像——直到我們開始思索的時候，還是我們所懷有的一個信念；但是一經仔細探討過之後，這個信念就不存在了。像這類的信念，除非另有支持它們的新論證被發現，不然的話哲學就勸告我們要把它們丟棄掉。但是有些信念，不論我們怎樣仔細地研究，看來仍是無可反對的。要摒棄這種信念就是不合理的了，而且也不是哲學所要提出的東西。

總之，我們所要達到的批判並不是毫無理由地就決定摒棄每種顯而易見的知識，而是根據每種顯而易見的知識的價值來對它加以衡量，經過衡量以後，保留下來任何表現爲知識的東西。因爲人類是容易犯錯誤的，所以必須承認還有錯誤的危險。哲學可以公道地自認爲，它可以減少錯誤的危險，而且就某些情形而論，它使得錯誤小到實際上是微不足道的程度。在這個必然會發生錯誤的世界裡，若想做得比這更多，便是不可能的了。況且也沒有愼重的哲學宣導者會說，他們所要完成的會比這更多。

第十五章　哲學的價值

現在，對於哲學上的一些問題我們總算已經做了一番簡略而遠不完備的評論。在結束本書時，最好再來考慮一下：哲學的價值是什麼？爲什麼應當研究哲學？在科學和實際事務的影響之下，許多人都傾向於懷疑：比起無關利害又毫不足取的辨析毫芒，比起在知識所不能達到的問題上進行論戰，哲學比起它們來又能強多少？所以，現在就更需要考慮這個問題了。

對於哲學所以出現了這種看法，一部分是由於在人生的目的上有一種錯誤的看法，一部分也由於對哲學所爭取達到的東西沒有一個正確的概念。現在，物理科學上的發明創造使得無數不認識這門學問的人也已經認爲物理科學是有用的東西了；因此，現在所以要推薦研究物理科學，與其說是根本原因在於它對學生的影響，不如說是在於它對整個人類的影響。這種實用性是哲學所沒有的。除了對於哲學學者之外，如果研究哲學對別人也有價值的話，那也必然只是透過對於學習哲學的人的生活所起的影響而間接地發生作用。因此，哲學的價值根本就必須求之於這些影響。

但是，更進一步說，倘使我們想要使評定哲學的價值的企圖不致失敗，那麼我們首先必須在思想上擺脫掉「現實」的人的偏見。「現實」的人，照這個詞的通常用法，是指只承認物質需要的人，只曉得人體需要食糧，卻忽略了爲心靈提供食糧的必要性。即使人人都是經濟充裕的，即使貧困和疾病已經減少到不能再小的程度，爲了創造一個有價值的社會，還是會有很多事情要做的；即使是在目前的社會之中，心靈所需要的東西至少也是和肉體所需要的東西同樣重要。只有在心靈的食糧之中才能夠找到哲學的價值；也只有不漠視心靈食糧的人，才相信研究哲學並不是白白浪費時間。

哲學和別的學科一樣，其目的首先是要獲得知識。哲學所追求的是可以提供一套統一的科學體系的知識，和由於批判我們的成見、偏見和信仰的基礎而得來的知識。但是我們卻不能夠認爲它對於它的問題提供確定的答案時，會有極高度的成就。倘使你問一位數學家、一位礦物學家、一位歷史學家或者任何一門的博學之士，在他那門科學裡所肯定的一套眞理是什麼，他的答案會長得讓你聽得厭煩爲止。但是，倘使你把這個問題拿來問一位哲學家的話，如果他的態度是坦率的，他一定會承認他的研究還沒有能獲得像別種科學所達到的那樣肯定的結果。當然，下述的事實可以部分地說明這種情況：任何一門科學，只要關於它的知識一旦可能確定，這門科學便不再稱爲哲學，而變成爲一門獨立的科學了。關於天體的全部研究現在屬於天文學，但是過去卻曾包含在哲學之內；牛頓的偉大著作就叫作《自然哲學之數學原理》。同樣，研究人類心理的學問，直到晚近爲止還是哲學的一部分，但是現在已經脫離哲學而變成爲心理學了。因此，哲學的不確定性在很大程度上不但是眞實的，而且還是明顯的：有了確定答案的問題，都已經放到各種科學裡面去了；而現在還提不出確定答案的問題，便仍構成爲叫作哲學的這門學問的殘存部分。

[90]

然而，關於哲學的不確定性這一點還只是部分的眞理。有許多問題——其中那些和我們心靈生活最有深切關係的——就我們所知，乃是人類才智所始終不能解決的，除非是人類的才智變得和現在完全不同了。宇宙是否有一個統一的計畫或目的呢？抑或宇宙僅僅是許多原子的一種偶然的集合呢？意識是不是宇宙中的一個永恆不變的部分，它使得智慧有著無限擴充的希望呢？抑或它只是一顆小行星上一椿曇花一現的偶然事件，在這顆行星上，最後連生命也要歸於消滅呢？善和惡對於宇宙是否重要呢？或者它們只有對於人類才是重要的呢？這些問題都是哲學所設問的，不同的哲學家有著不同的答案。但是，不論答案是否可以用別的方法找出來，看來哲學所提出來的答案並不是可以用實驗來證明其眞確性的。然而，不論找出一個答案的希望是如何地微乎其微，哲學的一部分責任就是要繼續研究這類問題，使我們覺察到它們的重要性，研究解決它們的門徑，並保持對於宇宙的思考興趣，使之蓬勃不衰，而如果我們侷限於可以明確地加以肯定的知識範圍之內，這種興趣是很容易被扼殺的。

不錯，許多哲學家都曾抱有這種見解，認爲對於上述那些基本問題的某些答案，哲學可以確定它們的眞假。他們認爲宗教信仰中最重要的部分是可以用嚴謹的驗證證明其爲眞確的。要判斷這些想法，就必須通盤考慮一下人類的知識，對於它的方法和範圍就必須形成一種見解。對於這樣一個問題，獨斷是不明智的；但是前幾章的研究如果沒有把我們引入歧途的話，我們便不得不放棄要爲宗教信仰尋找哲學證據的希望了。因此，對於這些問題的任何一套確定的答案，我們都不能容納其成爲哲學的價值的一部分。因此，我們要再一次說明，哲學的價值必然不在於哲學研究者可以獲得任何一套可以明確肯定的知識的這一假設體系。

事實上，哲學的價值大部分須在它那極其不確定性之中去追求。沒有哲學色彩的人一生總免不了受束縛於種種偏見，由常識、由他那個時代或民族的成見、由未經深思熟慮而滋長的自信等等所形成的偏見。對於這樣的人，世界是固定的、有窮的、一目了然的；普通的客體引不起他的疑問，可能發生的未知事物他會傲慢地加以否定。但是反之，正如在開頭幾章中我們所已明瞭的，只要我們一開始採取哲學的態度，我們就會發覺，就連最平常的事情也有問題，而我們能提供的答案又只能是極不完善的。哲學雖然對於所提出的疑問，不能肯定告訴我們哪個答案對，但卻能擴展我們的思想境界，使我們擺脫習俗的控制。因此，哲學雖然對於例如事物是什麼這個問題減輕了我們可以肯定的感覺，但卻大大增長了我們對於事物可能是什麼這個問題的知識。它把從未進入過自由懷疑的境地的人們的狂妄獨斷的說法排除掉了，並且指出所熟悉的事物中那不熟悉的一面，使我們的好奇感永遠保持著敏銳狀態。

哲學的用處在於能夠指點出人們所不懷疑的各種可能性。此外，哲學的價值（也許是它的主要價值）就在於哲學所考慮的對象是重大的，而這種思考又能使人擺脫個人那些狹隘的打算。一個聽憑本能支配的人，他的生活總是禁閉在他個人利害的圈子裡：這個圈子可能也包括他的家庭和朋友，但是外部世界是絕受不到重視的，除非外部世界有利或者有礙於發生了在他本能欲望圈子以內的事物。這樣的生活和哲學式的恬淡的、逍遙的生活比較起來，就是一種類似狂熱的和被囚禁的生活了。追求本能興趣的個人世界是狹小的，它侷限在一個龐大有力的世界之內，遲早我們的個人世界會被顛覆的。除非我們能夠擴大我們的趣味，把整個外部世界都包羅在內；不然，我們就會像一支受困在堡壘中的守軍，深知敵人不讓自己逃脫，終於不免投降。在這樣的生活裡，沒有安寧可言，只有堅持抵抗的欲望和無能為力的意志在經常不斷鬥爭。倘使要我們的生活偉大而自由，我們就必須用種種方法躲避這種囚禁和鬥爭。

哲學的冥想就是一條出路。哲學的冥想在其最廣闊的視野上並不把宇宙分成兩個相互對立的陣營，——朋友和仇敵，支援的和敵對的，好的和壞的，——它廓然大公，縱觀整體。哲學的冥想只要是純粹的，其目的便不在於證明宇宙的其餘部分是和人類相似的。知識方面的一切收穫，都是**自我的**一種擴張，但是要達到這種擴張，最好是不要直接去追求。在求知欲單獨起作用的時候，不要預先期望研究對象具有這樣或那樣的性質，而是要使**自我**適合於在對象中所發現的性質；只有透過這樣的研究，才能達到自我擴張。如果我們把**自我**看作就是現在的樣子，而想指出世界和這個自我是如此之相似，以至於不承認那些似乎與之相異的一切，而仍然可以得到關於世界的知識；這樣是根本無法達到這種**自我**擴張的。想證明這一點的那種欲望，乃是一種**自**

我獨斷；像所有的**自我**獨斷一樣，它對於其所迫切希求的**自我**發展乃是一個障礙，而且**自我**也知道它會是這樣的。**自我**獨斷，在哲學的冥想之中正如在其他地方一樣，是把世界看成是達到它自己的目的的一種手段；因此它對於**自我**看得比世界還重。而且**自我**還爲世界上有價值的東西之偉大規定了一個界限。在冥想之中，如果我們從**非我**出發，便完全不同了，透過非我的偉大，**自我**的界限便擴大了；透過宇宙的無限，那個冥想宇宙的心靈便分享了無限。

因此心靈的偉大並非是那些要把宇宙同化於**人類**的哲學所培養出來的。知識乃是**自我**和**非我**的一種結合；像所有的結合一樣，它會被支配欲所破壞，因此也就會被那想要強使宇宙服從於我們在自身中所發現的東西的任何企圖所破壞。現在有一種廣泛的哲學趨勢是傾向於告訴我們：人是一切事物的尺度，眞理是人造的，空間、時間和共相世界都是心靈的性質，如果有什麼東西不是心靈創造的，那便是不可知的，對於我們也便不關重要了。倘使我們以往的討論是正確的，那麼這種見解便是不對的。但是，它豈只是不對的而已；更有甚者，因爲它讓冥想受到自我束縛，終於就把哲學冥想中有價值的一切東西都給剝奪掉了。它所稱爲知識的，並不是和**非我**的結合，而是一套偏見、習慣和欲望，並在外界和我們之間拉上了一層不可透滲的帷幕。能在這樣一種知識論中找到樂趣的人，就正像唯恐自己的話不能成爲法律的人一樣，永遠也離不開家庭的圈子。

眞正的哲學冥想便完全相反，它在自我的種種擴張之中、在可以擴大冥想的客體的種種事物之中，因而也在擴大冥想著的主體之中，就能找到滿足。在冥想中，樣樣屬於個人的或者自己的事物，樣樣依靠習慣、個人興趣或者欲望的事物，都歪曲了客體，因而便破壞了心智所追求的那種結合。像這種個人的和私人的東西，就這樣在主體和客體之間造成了一道屏障，結果就成爲了心智的囹圄。一個自由的心智是像上帝那樣在觀看的，不是從一個此地和此刻在觀看的，它不期望，不恐懼，也不受習慣的信仰和傳統的偏見所束縛，而是恬淡地、冷靜地、以純粹追求知識的態度在觀看，把知識看成是不含個人成分的、純粹可以冥想的，是人類可以達到的。爲此，自由的心智對於抽象的和共相的知識，便比對於得自感官的知識更爲重視；抽象的和共相的知識是個人經歷的事件所不能滲入的，感官的知識則必定依賴於獨特的個人觀點，依賴於人身，而軀體的感官在表現事物時是會歪曲它們的。

只要心靈已經習慣於哲學冥想的自由和公正，便會在行動和感情的世界中保持某些同樣的自由和公正。它會把它的目的和欲望看成是整體的一部分，而絕沒有由於把它們看成是屬於其餘不受任何人爲影響的那個世界中的一些極爲細瑣的枝節而產生的固執己見。冥想中的公正乃是追求眞理的一種純粹欲望，是和心靈的性質相同的，就行爲方面來說，它就是公道，就感情方面說，它就是博愛；這種博愛可以施及一切，不只是施及那些被斷定爲有用的或者可尊敬的人們。因此，冥想不但擴大了我們思考中的客體，而且也擴大了我們行爲中的和感情中的客體；它使我們不只是屬於一座和其餘一切相對立的圍城之中的公民，而是使我們成爲宇宙的公民。在宇宙公民的身分之中，就包括人的眞正自由和從狹隘的希望與恐怖的奴役中獲得解放。

因此，關於哲學的價值的討論，我們就可以總結說：哲學之應當學習並不在於它能對於所提出的問題提供任何確定的答案，因爲通常不可能知道有什麼確定的答案是眞確的，而是在於這些問題本身；原因是，這些問題可以擴充我們對於一切可能事物的概念，豐富我們心靈方面的想像力，並且減低教條式的自信，這些都可能禁錮心靈的思考作用。此外，尤其在於透過哲學冥想中的宇宙之大，心靈便會變得偉大起來，因而就能夠和那成其爲至善的宇宙結合在一起。

附錄

參考書目 附言

想要獲得有關哲學的初步知識的學者將會發現，閱讀一些大哲學家的著作，要比試圖從教本中得出一套全面的觀點更加容易而又更加有益得多。

這裡特別推薦下列各書：

柏拉圖，《國家篇》，尤其是卷VI、卷VII。
笛卡兒，《沉思錄》
斯賓諾莎，《倫理學》
萊布尼茲，《單子論》
貝克萊，《希拉斯與斐洛諾斯對話三篇》
休謨，《人類理解研究》
康德，《未來形而上學導言》

進一步閱讀

一、羅素的其他著作

1.《伯特蘭・羅素自傳》，倫敦，George Allen & Unwin, 1967-1969。
2.《神祕主義與邏輯》，倫敦，George Allen & Unwin, 1963（其中包括有發揮《哲學問題》中論點的論文）。
3.《知識論》，倫敦，George Allen & Unwin, 1984（寫於一九一三年，但羅素死後始出版）。

二、羅素及其哲學

1. A・J・艾耶爾（Ayer），《羅素》，倫敦，Fontana, 1972。
2. 彼得・希爾頓（Hilton），《羅素、唯心主義與分析哲學的登場》，牛津，牛津大學出版社，一九九〇（對羅素的背景、發展和影響有詳盡的闡述）。
3. D・皮爾斯，《伯特蘭・羅素與哲學的英國傳統》，倫敦，Fontana, 1967（第十二章和第十三章探討了羅素在《哲學問題》中所概括的眞理理論以及維特根斯坦的批評）。
4. 約翰・斯克洛夫斯基（Skorupski），《英語哲學，一七九〇—一九四五》，牛津，牛津大學出版社，一九九三。

三、其他的哲學簡介

1. 馬丁・霍利斯（Martin Hollis），《請讀哲學》，牛津，Basil Blackwell，第二版，一九九七。
2. 湯瑪斯・納格爾（Nagel），《它都意味著什麼？哲學簡介》，牛津，牛津大學出版社，一九八七。

名詞索引

十一畫

十二畫

十三畫

二十畫

二十三畫

二十五畫

羅素　年表

Russell, Bertrand, 1872-1970

年代	生平記事
一八七二年	五月十八日生於英國南威爾斯蒙默思郡（Monmouthshire）的拉文斯克羅夫特（Ravenscroft）。
一八八三年	從其兄弗蘭克學習歐幾里得幾何學。
一八八四年	開始進行哲學思考，並懷疑宗教。
一八九〇年	入劍橋大學三一學院學習哲學、邏輯學和數學。
一八九四年	大學畢業。任英國駐巴黎大使館隨員，與愛麗斯・史密斯結婚；參加費邊社活動。
一八九五年	寫論文〈論幾何學的基礎〉。訪問德國，在柏林大學研究社會主義，回英後向倫敦經濟學院發表「德國社會民主主義」的報告。任三一學院研究員。
一八九六年	與愛麗斯同訪美國，在約翰・霍普金斯大學及布利馬爾學院講學。
一八九八年	在劍橋講萊布尼茲哲學。與英國哲學家喬治・莫爾共同掀起批判康德與黑格爾的運動。
一九〇〇年	出席在巴黎舉行的國際哲學會議，在會議中，遇到義大利卓越的數學家皮亞諾、法國哲學家亨利・柏格森等人。
一九〇五年	創立「描述論」，為他的邏輯原子論哲學奠定基礎。
一九〇八年	成為英國皇家學會會員。
一九一〇年	與懷德海合著《數學原理》第一卷出版。在劍橋三一學院講授數理邏輯。
一九一一年	當選倫敦亞里士多德學會會長。
一九一三年	在亞里士多德學會講「數理邏輯在哲學中的重要性」，並在三一學院開設「柏格森哲學講座」。
一九一四年	在牛津大學開設「斯賓塞哲學講座」。完成《哲學中的科學方法》。在哈佛大學開設「羅威爾講座」，題目是「我們對外在世界的認識」。開始為反對第一次世界大戰開展社會活動並撰寫一系列反戰小冊子。

年代	生平記事
一九一五年	在曼徹斯特哲學會發表《物質的最後結構及其成分》。
一九一八年	在倫敦發表關於邏輯原子論的八次演講，承認他的學生維特根斯坦對他的影響。因反戰坐牢六個月，並在獄中完成《數理哲學導論》。
一九二一年	與第一位夫人愛麗斯・史密斯離婚，與陶拉・柏萊克結婚。與陶拉共訪中國和日本，在中國北京大學講學。第一個兒子約翰出世。
一九二三年	競選國會議員，又失敗。生女凱蒂。
一九二四年	在美國作旅行演講，在紐約青年聯合會講「如何獲得自由和快樂」。
一九二五年	在三一學院的泰納講座講「物的分析」。
一九二七年	再次赴美講學。開設畢肯山小學。在巴特西市政廳發表《為什麼我不是基督徒》。
一九二九年	赴美講學，在西北大學的「現代思潮講座」發表《解決世界問題的三個方法》。
一九三五年	與第二任夫人陶拉離婚。
一九三六年	在荷蘭阿姆斯特丹大學開「格雷伯爵紀念講座」，講「宿命論與物理學」。第三次結婚，夫人是海倫・帕特里西亞・斯賓塞。
一九三八年	在牛津大學講授「語言與事實」。到美國定居六年才返國，在芝加哥大學任教。
一九三九年	在加利福尼亞大學任教。
一九四〇年	在哈佛大學開設「威廉・詹姆斯講座」，題目是「對意義與真理的探究」。在紐約市立大學引起了一場風波，發生「羅素案件」。
一九四一年	在賓夕法尼亞州巴恩斯基金會開設「西方哲學史」講座。在哥倫比亞廣告公司所屬電臺講黑格爾歷史哲學。

年代	生平記事
一九四二年	繼續在哥倫比亞廣播公司電臺開哲學講座，講笛卡兒方法論，斯賓諾莎倫理學。
一九四四年	返英。第二次成為三一學院的研究員，講授「非論證性推理」。
一九四七年	向全國書籍協會發表《論哲學與政治》。
一九四八年	赴挪威演講，海上遇難，被救起後在當地大學講「如何防止戰爭」。在英國廣播公司參加萊斯講座，講題是「權威與個人」。
一九四九年	由英王喬治六世頒發英國最高「榮譽勛章」，在威斯敏斯特學校發表《原子能與歐洲問題》。
一九五〇年	獲得諾貝爾文學獎。赴澳講學。
一九五一年	應紐約哥倫比亞大學「馬特切基金會」之邀，前赴發表《科學對社會的影響》。在英國廣播公司發表三大演說：「美國對歐洲政治與文化的影響」、「科學方法的本質與來源」、「懷疑主義與容忍」。
一九五二年	與第三位夫人帕特里西亞·斯賓塞離婚，與美國傳記作家艾迪思·芬琪結婚。
一九五五年	因保衛和平活動獲「銀梨獎」。與愛因斯坦等人聯合發出反對使用核武器的聲明。
一九五七年	獲聯合國教科文組織的卡林加獎金，發起和組織布格華許和平會議。
一九五九年	出版《常識與核戰爭》、《我的哲學發展》。
一九六三年	成立羅素和平基金會。
一九六六年	向美國士兵發出結束越南戰爭的呼籲書；成立國際戰犯審判法庭。
一九六七年	出版《越南戰犯》。
一九七〇年	二月二日逝世，享年九十七歲。

經典名著文庫 078

哲學問題

The Problem of Philosophy

作　　者── （英）伯特蘭・羅素（Bertrand Russell）
譯　　者── 何兆武
發 行 人── 楊榮川
總 經 理── 楊士清
總 編 輯── 楊秀麗
文庫策劃── 楊榮川
本書主編── 蘇美嬌
特約編輯── 郭雲周
封面設計── 姚孝慈
著者繪像── 莊河源
出 版 者── **五南圖書出版股份有限公司**
地　　址── 臺北市大安區 106 和平東路二段 339 號 4 樓
電　　話── 02-27055066（代表號）
傳　　眞── 02-27066100
劃撥帳號── 01068953
戶　　名── 五南圖書出版股份有限公司
網　　址── https://www.wunan.com.tw
電子郵件── wunan@wunan.com.tw
法律顧問── 林勝安律師
出版日期── 2021 年 3 月初版一刷
2023 年 4 月初版二刷
定　　價── 280 元

國家圖書館出版品預行編目資料

哲學問題 / 伯特蘭・羅素 (Bertrand Russell) 著，何兆武譯. -- 初版. -- 臺北市：五南圖書出版股份有限公司，2021.03
面；公分. —（經典名著文庫）
譯自：The Problem of Philosophy.
ISBN 978-986-522-263-5（平裝）

1. 羅素 (Russell, Bertrand, 1872-1970)　2. 學術思想
3. 哲學

144.71　　109013463